Joseph Scheicher

Der Klerus und die soziale Frage

moralsoziologische Studie

Joseph Scheicher

Der Klerus und die soziale Frage
moralsoziologische Studie

ISBN/EAN: 9783743642195

Hergestellt in Europa, USA, Kanada, Australien, Japan

Cover: Foto ©Suzi / pixelio.de

Weitere Bücher finden Sie auf **www.hansebooks.com**

Der Klerus und die soziale Frage.

Moral-soziologische Studie

von

Dr. Joseph Scheicher,

bischöflicher Consistorialrath und Professor der Moraltheologie in St. Pölten.

Innsbruck.
Druck und Verlag von Fel. Rauch.
1881.

Der Klerus und die sociale Frage.

Vorrede.

Nicht „um einem tiefgefühlten Bedürfnisse abzuhelfen" sind nachstehende Zeilen geschrieben. Der Autor weiß recht gut, daß viele weitaus bessere, gründlichere und systematischere Werke über die weiten Gebiete der Moral und Soziologie vorhanden sind. Er hat dieselben mit Dank benützt, mit Absicht auch nie unterlassen, die Quellen anzugeben, aus welchen er geschöpft. Wenn er die Monographie doch auf den Büchermarkt bringt, so thut er das, weil er ein weniges Gute damit zu stiften hofft. Ohne zu weit in längst vergangene und vergessene Zeiten zurückzugreifen, soll ein Bild der gegenwärtigen Zeitlage auf sozialem Gebiete entrollt werden. Klein an Umfang soll das Büchlein doch klar und deutlich sein auch für denjenigen, der nicht Gelegenheit gefunden, in diesen wichtigen Gegenstand sich hineinzulesen. Dasjenige, was von volkswirthschaftlichen Systemen jetzt die Gemüther beschäftiget, was von Prinzipien jetzt verfochten resp. angegriffen wird, die Palliative, welche Sternen oder Sternschnuppen gleich in die Nacht sozialer Noth vorübergehend hineinleuchten, bilden den Gegenstand dieser Schrift. Zum Schlusse soll ein kurzer Hinweis nicht fehlen, was zu geschehen habe, um fundamental die traurige Nacht in Tag zu verwandeln. Mehr wollte der Verfasser nicht bieten, mehr wolle man auch nicht verlangen.

Gerne gesteht er zu, daß man auch anderer vielleicht diametral entgegengesetzter Ansicht in der Kritik sein, und dabei recht haben könne. Aber der Autor glaubt seine Anschauungen, durch Studium und Nachdenken erworben, wenigstens soweit begründet zu haben, daß sie mit anderen menschlichen Ansichten concurrieren können.

Seinen hochwürdigen Mitbrüdern

widmet diesen

bescheidenen Orientierungsversuch

auf sozialem Gebiete

der Verfasser.

1. Der Klerus und die soziale Frage.

Große Dinge sind im Werden. Der lange schon unruhige Vulkan unter unseren Füßen regt sich Jahr für Jahr öfter in convulsivischen Zuckungen. Auf seinen Losbruch harren Viele als auf die Morgenröthe einer längst erwarteten besseren Zukunft, zittern jedoch auch nicht Wenige, welche sammt all' ihren Freuden und Genüssen unter Schutt und Asche begraben zu werden fürchten. Es kann für den aufmerksamen Beobachter einem Zweifel nicht unterliegen, daß sich eine jener großartigen Umwälzungen vorbereitet, eigentlich bereits im Anzuge begriffen ist, welche das Antlitz der Erde umgestalten will, indem sie die sozialen Schichten anders gruppiert. Ob der Zustand nachher besser oder schlechter sein wird, vermag niemand zu sagen, ebenso wenig, in welcher Weise, ob gewaltsam mit Eisen und Blut, oder durch die Macht der Idee, im Wege menschlicher Gesetzgebung und Leitung die Veränderung vor sich gehen wird, mit andern Worten ob Revolution oder Reform die Losung der nächsten Zukunft sein wird.

Wenn ein Volk, eine Nation, ja selbst wenn nur eine angestammte Dynastie vom Schauplatze abtritt, die Selbständigkeit, die Herrschaft anderen Händen überlassend, so fehlt es nicht an Erschütterungen. Eingelebte Verhältnisse, an welche Tausende als unumstößliche Rechte glauben und mit ihrem Dasein hängen, weil sie darauf das Gebäude ihrer Existenz errichtet haben, können ohne Schmerz nicht zerrissen werden, durch Klagen und Thränen aber auch nicht erhalten werden, wenn die Zeit abgelaufen. Und da das Leben immer neu, die Bedürfnisse, wirkliche und eingebildete, sich immer verjüngen, können die Dinge nicht bleiben wie sie waren oder sind. Das gilt nun auch, vielleicht ist es nicht zu viel gesagt, das gilt noch mehr von dem sozialen Gebiete. Die auf- und absteigende Klassenbewegung bringt Schichten empor, taucht andere hinab, zerstört da Hoffnungen, erweckt dort solche.

Unsere Zeit hat das Verhängniß getroffen, die Konsequenzen eines verfehlten Wirthschaftsprinzipes tragen zu müssen. Das liberale Prinzip, auch der Kapitalismus geheißen, ging zwar einst wie eine Morgenröthe dem dritten Stande auf, hat sich jedoch in seiner Ausbildung als grausamster Declassator der Mehrheit entpuppt. Tagtäglich, man kann das ohne Uebertreibung sagen, sinken, nicht Einzelne, nein Schaaren von einer höheren Klasse in eine tiefere hinab, während es höchstens Einzelnen gelingt, von unten empor zu klimmen. Die Zahl der nicht Declassierten wird immer geringer, ihre Genußmittel immer größer, während **unten** der Abgrund des Hungers gähnt, die Verzweiflung ihre Opfer foltert und sie langsam zu Tode quält.

So lange es sich nur um eine geringe Anzahl verlorner Existenzen handelte, merkte man nichts in den oberen Kreisen; schickte allenfalls einen Lazarus über den zwischen beiden ausgebreiteten Abgrund, um die Zunge der Leidenden mit einem Tropfen Almosen zu laben, aber heute hat man nicht genug Lazarusse, die für das Amt der Sendung tauglich wären. Außerdem grollt es dumpf in den declassierten Kreisen, welche die Traditionen einer besseren Vergangenheit nicht vergessen können und wollen. Sie wollen empor, zurück auf das Niveau, unter das sie hinabgesunken. Und da sie wissen, daß sie **ein Prinzip** hinabgestoßen, so hassen sie das Princip und bekämpfen es und suchen es zu stürzen.

Es ist eine in manchen Kreisen verbreitete aber ganz irrige Meinung, daß die Bekämpfer des herrschenden wirthschaftlichen

Prinzipes geschworne Feinde des menschlichen Geschlechtes seien, die nach Art der Diebe und Räuber einbrechen wollen, die man daher auch nach Art der Diebe und Räuber behandeln müsse. Gewiß wird es an Verbrechernaturen nicht mangeln, aber sicher auch nicht an edlen Charakteren, die nur Feinde des Prinzipes sind und es gerne sehen möchten, wenn dasselbe möglichst ohne den Personen, den Trägern desselben, wehe zu thun, geändert werden könnte. Dieses Verlangen aber ist ihr Recht. Es zeigt von Verständnismangel in besonders hohem Grade, wenn man, wir wissen nicht mit welcher Motivierung, ein momentan herrschendes Prinzip, bloß weil es herrscht, als sacrosanct, als objektive Rechtsnorm behandelt wissen will.

Es nützt auch nichts. Diejenigen, welche auf Seite des vom Anfange an oder im weiteren Verlaufe schädlich gewordenen Prinzipes stehen, werden mit demselben begraben. Und stünde eine Nation, ein Volk bei dem Prinzipe, so würde eben die Nation verschwinden.

Ein solches im Niedergange befindliches Prinzip ist unser modernes Wirthschaftsprinzip. Die Literatur ist wahrlich nicht gering, welche es zu seiner Vertheidigung wie auch zu seiner Bekämpfung hervorgerufen hat. Als vorläufiges Resultat müssen wir die Ueberzeugung der Mehrheit statuieren, daß es sich nur mehr um einen Sterbenden handelt. Der absterbende Kapitalismus, so lautet die Bezeichnung, welche man dem Systeme gibt,[1]) welches vor etwa hundert Jahren, begrüßt von Millionen, verheerend, aber auch Vieles aufbauend, in die Welt eingeführt worden ist.

Auch falsche Prinzipien können ja eine Zeit lang nutzen, wenigstens partiell, jedenfalls haben sie in der Oekonomie der Weltregierung eine Aufgabe.

---

[1]) Siehe: Graf v. Kuefstein in der Linzer Quartalschrift II., III. u. IV. 1882. — Auch Roscher, der Begründer der histor. Schule der Nationalökonomie sieht (Nord und Süd von Paul Lindau) die Kulturepoche des reinen Kapitalismus zu Ende gehen.

In dieser Zeit des Kreißens einer neuen unbekannten Wirthschaftsordnung tritt auch, ja wir sagen nicht zu viel, vorzüglich an den Klerus eine sehr ernste Pflicht heran, der er sich weder entziehen kann noch darf. Der Klerus besteht auch aus Menschen ihrer Zeit, welche in den Anschauungen irren können, welche nicht die Gabe der Unfehlbarkeit auf dem verworrenen materiellen Gebiete haben; diese Männer, die Priester, haben berufsmäßig zunächst für ideelle Ziele zu wirken, weil sie Seelsorger sind. Welches wirthschaftliche System herrschen mag, Kirche und Priesterthum haben ihre davon unabhängige Aufgabe. So wenig als es nur eine Regierungsform gibt, so wenig gibt es nur ein berechtigtes Wirthschaftsprinzip. Aber Kenntniß auch der materiellen Lage können sie nicht entbehren. Ein großer Fehler wäre es, wenn die Diener der Religion, insbesondere zur Zeit eines Ueberganges, da der Boden unter einem überlebten Prinzipe wankt, nicht sich selbst als Zeitgenossen, denn als solche werden sie sich je nach Geist und Studium über ihre Zeit erheben oder nicht, nein, wenn sie die Religion selbst für ein System einsetzen wollten, das ebenso gut falsch als wahr sein kann. Diese Gefahr sehen wir heute, nicht allen natürlich, sondern einzelnen nahe gerückt. Die herrschende Klasse, der liberale Kapitalismus, selbst durchaus materiell angelegt, ohne Geistesschwung über die Materie hinaus, haßt im Grunde jede Kirche, jede Confession, weil er sie nicht versteht, nicht verstehen kann. Trotzdem verlangt er von der Kirche Dienste, angeblich weil er ihr den materiellen Theil zu ihrer Existenz, der Existenz ihrer Diener, gestattet und gewährt, verlangt, daß sie sich mit ihm identifizire, daß sie sich zu seinen Werthheimkassen stelle und nach Büttel-Manier die Andringenden zurückweise: Non licet! Du sollst nicht stehlen!

Es ist natürlich kein Zweifel, und Schreiber dieses kann als treuer Sohn der Kirche nicht anders denken, sprechen, lehren oder handeln als die Kirche, die christliche Lehre: kein Recht darf unbestraft angetastet werden, also auch nicht das Eigenthum. Aber es ist gar nicht an dem. Gewiß

gibt es Knüttelträger unter den Sozialisten, Communisten et tutti quanti, jedoch darf man, wenn man gerecht sein will, nicht gleich jeden Gegner des gegenwärtigen Wirthschafts=
systemes, besonders der Ausartungen und Ausschreitungen desselben zu den Knüttelträgern werfen. Es ist ganz gut ein anderes System als legal und berechtigt denkbar, welches gegen die christliche Lehre nicht verstößt. Ja, wir haben keinen Grund, mit unserer Ueberzeugung hinter dem Berge zu halten; es wird beim gegenwärtigen Systeme viel Unrecht begangen, man be=
reichert sich auf Kosten Anderer unter einem legalen Mäntelchen, läßt Andere für sich arbeiten u. s. w., kurz, Proudhon's ge=
flügeltes Wort ist nicht immer unberechtigt: Gar vieles Eigenthum ist in fremden Händen, ist Fremdthum.

Und nachdem die Kirche den Satz von den vollendeten Thatsachen nie als Rechtsquelle angesehen hat, ansehen konnte, darf man auch dem Klerus nicht zumuthen, daß er sich selbst zu diesem Eigenthume als Wächter stelle, ja noch mehr, daß er die weitere ungerechte Ausnützung mit dem Schilde des Christenthums und seines siebenten Gebotes für alle Zukunft legalisiere und sanktioniere.

Ein solches Identifizieren des absoluten Rechtes mit dem ebenso absoluten Unrechte müßte und würde die beklagens=
werthesten Folgen haben. Nicht immer allerdings ist es leicht, am wenigsten in prinzipiellen Entscheidungen und Systemen, das Recht vom Unrecht zu unterscheiden. Um so mehr ist es nothwendig, daß der Klerus sich in die betreffenden Fragen, die alle unter der Einen, der sogenannten sozialen enthalten sind, hineinstudiere und nicht Uebertretung des Christenthums sehe, wo nur eine Revindikation des Rechtes statt hatte, oder letztere sehe, wo Unrecht positiv verübt wurde.

Gewiß hat der Klerus nicht die Aufgabe, soziale Pro=
gramme auszuarbeiten, sich zum Führer der nothleidenden Massen aufzuwerfen, da seine Pflicht ihn auf über der Ma=
terie und dem Materialismus Stehendes verweist, aber ebenso wenig darf es ihm an Herz für die Leiden des Volkes, Theil=

nahme für dessen Wohl und Wehe fehlen. Er muß zeigen, daß die irdischen Freuden nicht der Güter Höchstes sind, darf jedoch daraus nicht folgern, daß das Volk, die Masse desselben, einzig nur den Kreuzweg zu gehen habe, auch dann, wenn es nicht sein müßte, wenn sich durch legitime Abhilfe Erleichterungen schaffen ließen. Nothleiden kann nicht Selbstzweck des menschlichen Lebens sein. Als Mittel zu einem höheren Zwecke nützt es, als Zustand schadet es sogar der Sittlichkeit nicht wenig. Wer gesunde Sinne hat, wird es wohl nicht mehr leugnen, daß die Unsittlichkeit mit eine Folge des Elendes ist. Zähle man, in welchen Bevölkerungsklassen z. B. der Diebstahl seine meisten Anhänger hat und man wird mit Grauen sehen, daß die dürftigen weitaus das größte Contingent stellen. Der Schluß wird nicht unberechtigt sein, daß mit einer anderen, einer menschenwürdigen Lage diese Sünde sehr eingeschränkt werden würde. Gewiß gibt es heroische Naturen, die lieber verkümmern, verhungern, als stehlen, aber die heroischen Naturen sind nicht die alltäglichen. Man muß darum die Versuchungen einschränken, abwenden, so weit es die Umstände zulassen.

Das Sittengesetz schreibt nun nicht jene liberale Ordnung vor, durch welche die große Masse in den Pfuhl hinabgestoßen wird, in welchem verhungern oder stehlen die Alternative bildet, es schreibt eine gerechte vor, die gerechteste der möglichen. Das Menschengeschlecht soll durchaus nicht eine in sich zerfallene Räuberbande sein, ad altiora natum est, es ist zu Höherem geboren.

Gegenwärtig handelt es sich um Ausgleich, um Besserung nicht mehr erträglicher Zustände. Der Klerus muß von den Bestrebungen der Menschen Kenntniß haben; er soll nicht verurtheilen bloß, wohl aber mit der Fackel der ewigen Moral jede neue Theorie beleuchten. Es sind deren leider schon viele ausgedacht worden, welche mit dem Christenthume nicht übereinstimmen, sondern schnurstracks entgegen sind, aber jede neue widerspricht demselben nicht, wenn gleich sie der bestehenden Ordnung — in wirthschaftlicher Beziehung — entgegen ist.

Viele Menschen, befangen in einem falschen Konservatismus, sind von vorneherein veranlagt und gestimmt, Alles zu verwerfen, was neu ist, was dem Herkömmlichen widerstreitet, und zwar einfach darum, weil sie die Mühe scheuen, über die Nothwendigkeit und Beschaffenheit desselben nachzudenken. Wie oft hört man, liest man Aeußerungen über Sozialisten, Communisten, Communarden, über Volkswirthschaft, Lohnfrage, Abhilfe in der Armuth u. s. w., von Leuten, welche das A=B=C der Volkswirthschaft gar nicht, die Moral sehr unvollkommen kennen. Da reden Leute über die brennendste Frage der Zeit und haben nicht einmal eine Idee von Geld und Kapital[1]), welche Begriffe ihnen gleichbedeutend sind, Werth und Preis einer Waare ist ihnen ganz dasselbe, vom Lohne und dem Wesen desselben haben sie ganz falsche Begriffe u. s. w. Zu dieser Art Menschen darf der Klerus nicht gerechnet werden. Damit würde er der Religion, dem Rechte, sich und dem Volke den schlechtesten Dienst erweisen.

Unsere Moralcompendien mit ihrem applicablen, praktischen Theile genügen längst nicht mehr für alle Fälle, wenn auch selbstverständlich die Prinzipien immer wahr bleiben. Es müßte ein folgenschwerer Fehler genannt werden, wenn man sich die Mühe nicht nehmen würde, nachzuforschen, ob die einstige Applikation einer richtigen Regel bei veränderten Verhältnissen noch passend sei, gerecht sei u. s. w.

Schreiber dieses, der schon mehrere Jahre Moral dociert, ist oft genug in der Nothwendigkeit, seinen Schülern diese Thatsache vor Augen halten zu müssen, Casus anderer Art vorzulegen, als sie in älteren Compendien stehen.

Nehmen wir nur einen Fall heraus: das Almosen. Der heilige Alphonsus noch konnte sagen[2]), daß mit zwei Prozent des Einkommens, wenn es alle Besitzenden auf Almosen verwenden würden, aller Armuth (communibus necessitatibus)

---

[1]) Siehe darüber das auch sonst höchst instruktive Werk: Dr. Ratzinger, die Volkswirthschaft. Freiburg, Herder 1881. S. 34 ff., 172 ff., 293 ff.

[2]) Homo apost. I. tr. IX. n. 19.

abgeholfen wäre. Wie das heute nur ein Tropfen wäre, ja wie überhaupt alles Almosenspenden im Ganzen ungenügend, eine blutige Ironie ist und bleibt, darf heute nicht mehr übersehen werden.

Das Leben von Millionen ist ein langsames Verhungern; Millionen von Kindern sterben wegen ungenügender Nahrung im glücklichen Falle, im unglücklichen wachsen sie zu Siechen heran, wandelnde Leichen in einer Zeit, die mit Volkswohl und Reichthum der Nationen prahlt. Und da sollte die Moral nichts zu reden haben? O ja doch, sie hat eine sehr eingreifende Aufgabe.

Beschäftigt mit Abfassung eines Moralwerkes wurde uns diese Thatsache so klar, daß wir mit dieser Monographie nicht zurückhalten wollten. Wir wollen, und das ist der Plan derselben, in erster Linie ein Bild der Zeitlage in allgemeinen, grellen allerdings aber wahren Contouren zeichnen, ferner die momentan angestrebten und ausgedachten Systeme der verschiedenen Parteien vorführen und an ihnen das Wahre vom Falschen, das Berechtigte vom Unberechtigten scheiden, kurz die Moralprinzipien als Probe anlegen. Da auch wir die Gabe der Unfehlbarkeit weder haben noch zu haben uns einbilden, können wir irren, unterwerfen uns daher der Kirche im Voraus, wenn sie sich veranlaßt sehen sollte, eine andere Applikation oder Entscheidung zu geben. Unseren Mitbrüdern und den übrigen Gebildeten, welche weder Zeit noch Gelegenheit haben, sich mit der täglich zunehmenden und wachsenden Literatur über Volkswirthschaft zu beschäftigen, hoffen wir einen Dienst zu leisten, indem wir ihnen in Kürze die vorzüglichsten diesbezüglichen Systeme, vorzüglich oft nur ihrer Aufdringlichkeit nach, vorlegen und mit der Fackel des Christenthums und der Moral beleuchten.

2. Die soziale Lage.

Zwar kann sich Jedermann, der gesunde Sinne hat, und sich nicht selbst täuschen will, mit leichter Mühe eine richtige Anschauung von der Lage der großen Masse des Volkes machen und wir sind überzeugt, die meisten Menschen werden es längst gethan haben. Wenn wir hier trotzdem eine Schilderung versuchen, so geschieht dies mehr der Systematik wegen. Zuerst müssen die reellen Verhältnisse konstatiert werden, um daraus die Schlüsse auf Richtigkeit oder Unrichtigkeit der zur Abhilfe ausgedachten Systeme in Bezug auf den volkswirthschaftlichen Gehalt machen zu können. Denn obgleich vorliegende Monographie dieselben in erster Linie auf ihren moralischen Werth untersuchen will, so kann doch auch wenigstens von einer unmittelbar nahe liegenden wirthschaftlichen Kritik nicht ganz abgegangen werden. Ein solches Vorgehen wird um so weniger auffallen können, wenn wir gleich an dieser Stelle verrathen, daß nicht wenige volkswirthschaftliche Systeme oder Prinzipien eine Besserung nur mit Aufgebung des Christenthums, ja gerade durch die Aufgebung zu erreichen für möglich halten. Da liegt es selbstverständlich nahe, das Nichtbegründete dieser Anschauung durch Anführung von Thatsachen zu zeigen. Umgekehrt wird gegen allfällige rein christliche Theoretiker der Nachweis zu führen sein, daß man durch rein ideelle Dinge, durch Gottvertrauen und die leider selten vorkommende, allerdings sehr wünschenswerthe, bis zu einem bestimmten Grade auch absolut nothwendige Nächstenliebe concrete Fragen nicht lösen könne, daß vielmehr das Recht beherziget werden und die menschliche Gesellschaft zu Thaten schreiten müsse. Nicht wer bloß sagt Herr, Herr, geht in's Himmelreich ein, sondern wer auch den Willen Gottes thut.

Die Schilderung der sozialen Lage ist Schilderung des sozialen Elendes. Darüber herrscht kaum ein Zweifel, nicht in den Kreisen der Unterdrückten und auch nicht in den der sogenannten Unterdrücker. Geben wir in erster Linie den Communisten unter den Sozialisten selbst das Wort, damit sie uns ihre Lage schildern. Ihr Ideengang ist folgender¹): „Welch' betrübendes Schauspiel bietet die bestehende (monopolistische oder liberale) Gesellschaft dem denkenden Beobachter dar! Wie ungleich und ungerecht sind die Loose unter deren Gliedern vertheilt, wie scharf die Gegensätze zwischen Mangel und Ueberfluß, zwischen den Besitzlosen und Besitzenden! Die Einen leben im Schooße des Glückes, genießen ohne Arbeit, wohnen in Palästen, umgeben sich mit einem Schwarm von Dienern, verbringen ihre Tage in Lustbarkeiten und befriedigen die künstlichsten Bedürfnisse; die Anderen wohnen in Hütten, hüllen sich in Lumpen, schaffen im Schweiße ihres Angesichtes die Fülle der Genußmittel, die jene vergeuden und entbehren Alles, was dem Leben Werth verleihen kann. Fleiß und Anstrengung vermögen nur in seltenen Fällen ihre Lage zu verbessern. Der Zufall ist Herr der Geschicke. Schon in der Wiege bestimmt er den Abkömmling des Reichen zu mühelosem Genuß, den des Armen zu genußloser Arbeit, und selbst diese ist ihm nicht gesichert, selbst diese muß er von der besitzenden Klasse erbetteln, die sich alle natürlichen, die unentbehrlichen Mittel zur Fristung unseres Daseins bildenden Güter angeeignet hat.

Wie groß ist die Macht, welche das Eigenthum verleiht und welch' grausamen Gebrauch macht die besitzende Klasse davon! Sie raubt dem Arbeitslosen das Recht auf die Existenz, brandmarkt ihn als Bettler, wenn er die hilfsbedürftige Hand nach einer milden Gabe ausstreckt, verfolgt ihn als Vagabunden, wenn er Arbeit suchend umhergeht und bezüchtigt ihn des Diebstahls, wenn er nothgedrungen nach den Gaben des Himmels, die sie selbst sich angemaßt, zu greifen wagt. Und dennoch sind wir Alle aus gleichem Stoffe gebildet, haben Alle dieselben Ansprüche auf die Genüsse des Lebens, sind Alle gleichberechtigte Kinder eines gütigen Vaters, der uns brüderliche Theilung in die von ihm verliehenen Güter gebot. Das Recht auf gleiche Genüsse wird mit uns geboren; es ist ewig und

---

¹) Siehe: Marlo, Untersuchungen über die Organisation der Arbeit, Kassel, W. Appel. 1853. II. S. 446 ff.

unveräußerlich; und dennoch wissen alle unsere die bestehende Ordnung bildenden Institutionen nichts von demselben. Diese das Recht aller Rechte verleugnenden Institutionen sind die Ursache jener verderblichen Unterschiede zwischen Reich und Arm und damit die Quelle der zahlreichen aus jenen entspringenden Laster, des Müssigganges, der Habsucht, des Hochmuthes, der Lieblosigkeit von der einen, die des Diebstahls, des Neides, des Hasses und der Kriecherei von der anderen Seite. Sie sind es, welche den Menschen vom Menschen scheiden, welche die zahlreichen Sonderinteressen, die heillosen Standesvorurtheile nähren, welche das Glück der Familie untergraben, indem sie die ihres Erbtheils bedürftigen Kinder auf den Tod ihrer Eltern verweisen, welche die Ehe zum Geldvertrag herabwürdigen und die Prostitution zum unentbehrlichen Erwerbszweig weiblicher Armuth machen.

Es ist klar, diese Uebel sind zu groß, als daß sich deren Heilung von dem freien Entschluß der Bevorrechteten, das Elend zu allgemein, als daß sich dessen Hebung von der Wohlthätigkeit erwarten ließe. Was sind unsere Almosen? Ein Tropfen im Meere, ein Sandkorn in der Wüste. Was sind alle zur Umgestaltung der Gesellschaft gemachten Vorschläge? Kümmerliche Halbheiten ohne Kraft und Konsequenz. Nicht von ihnen, sondern nur von der gänzlichen Neugestaltung der bürgerlichen Gesellschaft ist Hilfe zu erwarten. Darum muß an die Stelle der hergebrachten, durch List und Gewalt entstandenen Ordnung eine neue, der Liebe und Gerechtigkeit entsprechende treten, die allen Gliedern unseres Geschlechtes gleiche Lebensgenüsse verbürgt und alle, insoweit die Genußmittel nicht Geschenke des Himmels sind, sondern durch unsere Arbeit entstehen, zu gleicher Theilnahme an dieser verpflichtet. Da nun ein solches Verhältniß mit Beibehaltung des individuellen Eigenthumes — des giftigen Ei's, aus welchem die große Mehrzahl der geschilderten Uebel hervorgeht — nicht möglich ist, so muß dasselbe sammt seinem gehässigen Repräsentanten, dem Gelde, gänzlich abgeschafft und die Gesammtheit zum alleinigen Besitzer aller Güter gemacht werden. Ist dieses geschehen, gibt es kein individuelles

Eigenthum mehr, hört der Müßiggang auf, sind alle mit nützlicher Arbeit beschäftiget, so wird die menschliche Gesellschaft
nicht ferner in Unterdrücker und Unterdrückte, nicht in Herren
und Knechte zerfallen; die Staaten werden aufhören Zwangs-
anstalten zu sein, werden aufhören Schaaren unnützer Beamten
und große das Mark des Volkes verzehrende Kriegsheere zu
unterhalten, werden keiner Gerichtshöfe, keiner Gefängnisse,
keiner Bluturtheile mehr bedürfen. Allgemeiner Wohlstand wird
an die Stelle des Mangels treten; es wird keinen Hochmuth,
keine Habsucht, keinen Haß, keinen Betrug, keinen Diebstahl,
keine Untreue, keine Prostitution geben, Liebe und Eintracht
werden in die Herzen der Menschen einkehren und froher Lebensgenuß ein Gemeingut Aller sein. Und sollten die alten Gebrechen nicht alle schwinden, werden sie sich doch bis auf un-
erhebliche Ueberbleibsel vermindern."

Das sind zugleich die Grundzüge der communistischen Welt-
reformpläne, wie sie sich mehr oder minder detaillirt bei den
verschiedenen Parteischattirungen finden. Wir gehen vorläufig
in eine Kritik des Angeführten nicht ein, behalten uns solches
auf eine spätere Zeit vor, wo wir genügend Gelegenheit finden
werden, nachzuweisen, daß derlei Besserungsträume eben nur
Träume sind, daß der Communismus ganz unfähig ist, auch
nur einen geringen Theil seiner Versprechungen in's Leben zu
übersetzen.

Worin wir ihm beistimmen, das ist im kritischen Theile:
Die Umstände der Majorität sind so, wie sie vorstehend geschildert wurden, ja je nach Ländern oder Städten noch ungleich
ärger. Hören wir darüber noch andere competente Stimmen.
(Ein Franzose, Linguet[1]), schrieb schon vor 100 Jahren in
folgender Weise: "Die Stimme der Natur ertönt in allen Herzen
und verkündet, daß die Menschen frei und vollkommen gleich
geboren sind. . . . Thatsächlich schließt man jeden Menschen,
der das Licht dieser Welt erblickt, an jene ungeheure Kette, die

---

[1] Theorie der Zivilgesetze 1767.

man Gesellschaft nennt. Man beeilt sich mit seiner Einverleibung unter dem Vorwande, daß er dereinst ein Glied dieser Kette bilden solle und läßt ihn Verbindlichkeiten eingehen, die er weder kennen noch erfüllen kann. . . . List und Gewalt haben über den Besitz dieser Erde entschieden. . . . Sie sind übereingekommen, nur denen einen Antheil an diesem Besitze zu gönnen, welche diesem Banner folgen und nicht der kleinste Winkel ist ein Asyl gegen ihre Tyrannei geblieben. Der Reiche behauptet ungescheut, nur er sei zum Denken berechtigt und ist fortwährend auf Unterdrückung der Armen bedacht aus Furcht, sie könnten sich erheben und von ihrer Kraft einen anderen Gebrauch machen als er verlangt. . . . Die Justiz, sagen die Rechtsgelehrten, ist das beharrliche Wollen, einem Jedem das Seine zu geben. Aber der Arme hat nichts als seine Armuth; was vermögen ihm also die Gesetze zu geben? Sie schützen ja nur den Ueberfluß gegen die Angriffe des Elendes. Ihre größten Anstrengungen sind gegen jene gerichtet, die ihres Schutzes am meisten bedürften. Sie sind von den Reichen zu ihrem Vortheile gegeben, sind Festungen, von ihnen in dem Reiche ihrer Feinde erbaut. . . . Durch Aufhebung der Hörigkeit beabsichtigt man keineswegs, die Monopole des Reichthumes zu zerstören, denn die große Masse muß vor wie nach von ihrem Solde leben. An die Stelle des Hörigen tritt das Gesinde. . . . Unter diesem verstehe ich keineswegs jene Müßiggänger, die sich freiwillig ihrer Freiheit begeben, die Gefährten des Luxus, prächtig gekleidet durch die Eitelkeit ihrer Herren, und wohlgenährt durch deren Verschwendung. Stadt und Land ist mit einer anderen Art von Gesinde erfüllt, weit zahlreicher, nützlicher und fleißiger, unter dem Namen von Arbeitern bekannt. Diese Leute gehen nicht in dem Glanze des Luxus, sondern in Lumpen, dem Gewande der Armuth einher, ohne Antheil an dem Ueberfluß, der ihrer Arbeit gebührt. Welchen Gewinn bringt ihnen die Freiheit? — Die Furcht vor dem Hungertode. . . . Der Sklave erhält auch unbeschäftigt seine Nahrung. Was wird aus dem Freien, wenn ihm die Arbeit gebricht? Wer kümmert sich um ihn? Wer verliert Etwas, wenn er dem Hunger, dem Elende erliegt? Wem liegt an der Fristung seines Daseins? Der Sklave hat einen Werth für seinen Herrn wegen des Geldes, das er ihn kostet; den freien Arbeiter bezieht der schwelgende Reiche umsonst. Zur Zeit der Sklaverei hatte das Blut des Menschen seinen Preis; es galt die Summe, um die man es kaufte. Seitdem der Kauf aufhörte, ist der Werth verloren gegangen. Bei einem Heere schlägt man den Schanzgräber geringer an, als ein Trainpferd, weil das Pferd sehr theuer, der Schanzgräber umsonst zu haben ist. Mit Aufhebung der Sklaverei sind die Ansichten der Kriegsheere in das bürgerliche Leben übergegangen und jeder begüterte Bourgeois hat die Denkweise der Helden angenommen."

Dazu macht Schäffle[1]) die Bemerkung: „Also dachte und schrieb Linget zu einer Zeit, in der alle Welt, erfüllt von Begeisterung für den Liberalismus, sich durch diesen die Erlösung der Gesellschaft von allen sie bedrückenden Uebeln versprach."

Perin[2]) sagt über das Elend, welches sich überall breit macht: „So betrübend es ist, daran zu denken, so wahr ist die Behauptung, daß jedes Jahr selbst bei den wohlhabenden Nationen ein Theil aus der Bevölkerung aus Noth zu Grunde geht."

Todt[3]) schildert dieselbe Sache mit der Lebendigkeit eines Höllen Brenghel. Er sagt: „Heute kann Niemand, der nur oberflächlich Zeitungen liest, und mit offenen Augen den Markt des Lebens durchschreitet, leugnen, daß der Gegensatz zwischen großem Reichthum und großer Armuth in steigender Progression zunimmt, daß die soziale Stufenleiter in ihren mittleren Sprossen immer mehr durchbrochen wird, daß der Mittelstand stetig mehr und mehr verschwindet. Am augenscheinlichsten wird

---

[1]) Kapitalismus und Sozialismus. Tübingen 1870. S. 178.

[2]) Die Lehren der Nationalökonomie f. einem Jhrhd. Freiburg 1882. S. 104.

[3]) Der radikale deutsche Sozialismus und die christliche Gesellschaft. Wittenberg 1877. S. 167 f.

diese krankhafte Tendenz in den großen Städten. Hier offenbart sich jener Gegensatz in den einzelnen Stadtvierteln, deren einzelne nur Proletariat oder reiche Leute aufzuweisen haben. Hier fährt man auf Gummirädern, dort geht man auf durchlöcherten oder gar keinen Sohlen; hier wohnt man in pomphaften Palästen mit Hausthüren im Werthe von mehreren hundert Thalern, dort ist man zu zwei Familien in einem engen Raum zu 4—5 Treppen hoch oder in feuchten Kellern zusammengepfercht; hier erfreut man sich alles erdenklichen Luxus in den Möbeln, dort wandert ein nothwendiges Stück nach dem andern auf immer in die Leihhäuser; hier schwelgt man in Speisen und Getränken, dort nagt man an den Abfällen der Reichen.

In den großen Städten kann sich der Proletarier der schmerzlichsten Wahrnehmung nicht entziehen. Er hilft die Paläste und die dem sinnlichen Genusse geweihten Lokale bauen; er liest auf der Straße an den Ecken und Anschlagsäulen von den Genüssen, welche dem Reichen winken; er sieht die Pracht der Kleidung in den Schaufenstern, den wahnsinnigen Luxus an den Körpern der Vorübergehenden, er schaut zu den erleuchteten Fenstern hinauf und hört das Gesänge und den Reigen; die Ausbrüche bachantischer Lust bringen an sein Ohr, glänzende Karossen führen ihm gesättigte und übersättigte Menschen von gleichem Fleisch und Blut vorüber, während daheim Weib und Kind alle Leiden der Armuth kosten und von einem Tag zum andern oft von nichts als der Hoffnung auf eine kärgliche Mahlzeit leben. Können wir uns wundern, daß sich da sein Herz zusammenzieht vom krampfhaften Neid und die Faust in der Tasche sich ballt, die Faust, die oft so gerne arbeiten möchte und doch nicht kann, weil es an Arbeit mangelt."

Als Resultat solcher Wahrnehmungen, fährt Todt fort, sei nur ein Zweifaches möglich: „Entweder steht der Proletarier dem Reichthume der begünstigten Minorität stumpfsinnig und fatalistisch ergeben gegenüber, wie der verthierte Sklave der Römer und Griechen, nur mit dem Unterschiede, daß er diese

Ordnung der Dinge für eine ewige göttliche Ordnung hält und sich damit tröstet: ich bin nun einmal zum Elend geboren und bestimmt, es läßt sich nichts dagegen machen; — oder er erprobt sein Denkvermögen an dieser ihn so schneidig berührenden Thatsache, forscht nach den wirthschaftlichen Gesetzen, die ihr zu Grunde liegen, er wird Philosoph. Der Sozialismus ist praktische Philosophie."

Von mancher Seite ist man Schilderungen, wie den vorangeführten gegenüber, mit der Ausrede zur Hand: Armuth hat es immer gegeben, und wird es immer geben, sie läßt sich nicht ausrotten. Sie kam mit der Erbsünde und bleibt wie alle Folgen derselben in diesem Jammerthale. Oder wenn man sich zu einer christlichen Reminiszenz in dieser traurigen Lage nicht veranlaßt fühlt, sagt man: Der Reichthum, die Wohlhabenheit ist die Folge von Tugend, Thatkraft, nicht bloß eine Gunst der Natur. Der Arme ist nicht durch Zufall arm oder durch willkührliches Eingreifen fremder Laune arm, er trägt die Folgen der Armuth, vielleicht auch die Schuld seiner Vorfahren, vielleicht seiner eigenen Untüchtigkeit, Immoralität u. s. w. Freilich kann Einer auch die fremde Schuld tragen müssen, wie ein Anderer die Früchte fremder Arbeit und Tugend ohne eigenes Verdienst genießt, aber die Zutheilung fremden Verdienstes oder Mißverdienstes ist nicht eine willkührliche, sondern durch vitale Gesetze des Gesellschaftslebens. Ueber all' dem Zwang, den dieses Gesetz ausübt, ist noch ein höheres: suae quique fortunae faber: Arbeit und Tugend erhebt aus der Armuth und Noth, Müssiggang und Laster führt zur Armuth zurück.[1])

Auf derartige Erklärungsversuche läßt sich viel und nichts erwiedern, je nachdem man es nimmt. Sie sind wahr, aber die volle Wahrheit enthalten sie nicht. Wir sprechen an anderer Stelle von dem Ungenügenden des aszetischen Standpunktes und dem Fatalismus der Ergebung. Hier sei nur erwähnt, daß dieser Fatalismus irrational ist. Auch Krank-

---

[1]) Linsenmann, Lehrbuch der Moraltheologie. Freiburg 1878. S. 144.

heiten, Tod ꝛc. sind Folgen der Sünde und doch bemüht sich die Hygiene möglichst vorbeugend gegen sie zu wirken, und eine Anzahl von Aerzten ist geschäftig, zugezogene Schäden auszubessern. Die hl. Schrift tadelt¹) es, wenn jemand den Arzt nicht ruft, nennt die Anwendung der Medizin eine Nothwendigkeit u. s. w. Der Verstand ist eben den Menschen gegeben, ihn zu gebrauchen.

Daß Reichthum und Armuth nicht unmittelbar der persönlichen Willkür entstammen, kann ganz gut zugegeben werden; daß die gesellschaftlichen Gesetze Licht und Schatten vertheilen, das wissen heute wohl alle Menschen. Darum eben darf man die Sozialisten nicht ohne weiteres als Empörer ansehen, weil und wenn sie diese Gesetze korrigiert wissen wollen, korrigiert nach der Erfahrung und Wissenschaft und entsprechend der natürlichen und göttlichen Moral. Es gibt laut Naturgesetz und göttlicher Vorschrift keine Protektionskinder in diesem Sinne, daß die menschlichen Gesetze zur Expropriation der großen Masse helfen müßten. Die menschlichen Gesetze müssen die Möglichkeit schaffen, daß jeder seines Glückes Schmied sein könne. In die Nothwendigkeit, die von der Natur, den elementaren Gewalten, Gottes Zulassung oder Schickung kommt, fügt sich der Betroffene, klagt nicht, verzweifelt nicht, aber in die von Menschen, sei es aus Schuld oder Unverständniß gemachte unbillige Austheilung, fügt sich der Denkende innerlich gar nicht, äußerlich so weit er dazu gezwungen wird.

Bei uns in Oesterreich wird oder dürfte man mit Einwendungen anderer Art zu Handen sein und daraus mindestens die Dringlichkeit der sozialen Frage für uns in Abrede stellen, vorgebend, daß in Agrikulturstaaten die soziale Noth nicht leicht zum Gipfelpunkte komme, zum Hunger und zur äußersten Entbehrung.

---

¹) Eccli 38, 1, 3⁵, 11 und 12.

Für unseren Zweck können wir, so leicht es uns wäre, statistisch nachzuweisen, daß auch in unser agricoles Leben die soziale Noth mehr als hereingrinst, daß in ganzen Ortschaften ja Thälern der Hungertyphus eigentlich nie aufhört, auf ausgedehntes Detail nicht eingehen. Wir verweisen auf eine Quelle, die höchst verläßlich, weil gewissenhaft statistisch angelegt ist, die österr. Monatschrift für Gesellschaftswissenschaft v. Frhrn. v. Vogelsang, Wien, Kirsch, ferner auf die nicht bloß Aufsehen machenden sondern noch mehr verdienenden soziologischen Artikel des Wiener „Vaterland" in den letzten Jahren. Es ist um so wichtiger, in dieser Frage orientiert zu sein, als die Blätter der Sozialisten im engeren Sinne vervehmt sind, in Oesterreich kaum existieren oder vegetieren, die Blätter der herrschenden liberalen Capitalisten-Clique aber von der Wahrheit tief unten keine Notiz nehmen. Dort ist scrophulöses Gesindel, weiter nichts, das läßt man ruhig zu Grunde gehen. Wir fürchten, wenn diese Vogelstraußspielerei noch länger fortdauern sollte, so könnte irgend eine Eruption dieses scrophulösen Gesindels einst der herrschenden Klasse die Zustände des vorigen Jahrhunderts in Frankreich bringen. Es wird immer ein Ruhmesdenkmal für die Christlich-Conservativen sein, daß sie diese Kurzsichtigkeit nicht getheilt, daß sie auf soziale Maßregeln bedacht waren zu einer Zeit, da der herrschende Liberalismus mit factiösem Parteigezänke in den Vertretungen, mit Unsittlichkeitsvermittlung, Schwindel und Semiten-Kokettirerei in seiner Presse die kostbare Zeit verschwendete.

Gewiß ist, daß in Oesterreich unter einem Großtheile der Menschen bittere Noth herrscht. In Wien und Vororten gehört der Hungertyphus bei ganz normalen Verhältnissen selbst nach gesegneten Ernten zu den grassierenden Uebeln. Die bitterste Entbehrung und Einschränkung ist das Loos[1] der bravsten, auch der qualifizierten Arbeiter.

---

[1] Graf Coronini sagte in der 272. Sitzung des österreichischen Abgeordnetenhauses am 1. März 1883: Eine Thatsache möchte ich Ihnen vorführen, aus welcher Sie vielleicht entnehmen werden, daß ich mit meiner Ansicht (von der großen Nothlage) nicht allein stehe. Aus dem Berichte der

Nach der genannten Monatsschrift bedürfte eine Familie mit 2—3 schulpflichtigen Kindern in einer Großstadt durchschnittlich 780 fl. per Jahr. Nun ist das Maximaleinkommen eines Arbeiters 400 fl. durchschnittlich, das Minimaleinkommen 200 fl. Mindestens 70% der Arbeiter-Bevölkerung darf gar nicht daran denken, die Bedürfnisse normal zu befriedigen. Wir ziehen aus der „Statistik der Industrie des Brünner Handels- und Gewerbekammerbezirkes pro 1881" einige Zahlen aus:

Seidenindustrie in Chrostau, Frain, Nikolsburg, Trübau, Zwittau, Zlabings: Durchschnittlicher Jahresverdienst der Stuhlarbeiter bei 11 Stunden Arbeitszeit 162 fl. 66²/₃ kr., der Hilfsarbeiter 182 fl. 99 kr.

Flachs- und Leinenindustrie in Brünn: Weber, Arbeitszeit 16 Stunden, Jahresverdienst 364 fl.; Spinnerinnen bei gleicher Arbeitszeit 195 fl.; Verdienst der Weiber bei zwölfstündiger Arbeitszeit jährlich 135 fl.

Leinen- und Baumwollfärbereien, Druckereien und Appretuten in Kanitz, Seelowitz und Mährisch-Trübau: Jahreserwerb der Färber, Manger, Maschindrucker und Formstecher bei 12¹/₂ stündiger Arbeitszeit 244 fl. 20 kr., Hilfsarbeiter 145 fl., Arbeiterinnen 95 fl.

Kottonweberei in Mährisch-Trübau: Jahreserwerb bei 12 Stunden per Tag: Zettler 251 fl., Weber 196, Taglöhner 196, Vorrichter 140, Spuler 112 fl.

Spitzen- und Tüllfabrikation in Lettowitz: Jahresverdienst bei 10³/₄ stündiger Arbeitszeit 225 fl.

Barchentweberei, Hausindustrie, Jahreserwerb 165 fl.

Dazu sagt „Vaterland:"

Diese Löhne sind Hungerlöhne, bei denen die nicht arbeitenden Familienglieder betteln und der letzte Rock, den der Ar-

Spitalverwaltung unseres Landes geht hervor, daß die Anzahl der Personen alljährlich wächst, welche geradezu durch Hunger zu periodischem Wahnsinne gebracht werden, um endlich im Wiederholungsfalle dem unheilbaren Blödsinne zu verfallen.

beiter nicht gerade am Leibe hat, verkauft werden muß. Wenn aber die gesammte Arbeiterbevölkerung ihre Kinder und Greise auf den Bettel schicken muß, wenn solche Löhne auch nur ein halbes Jahr — nicht, wie es factisch der Fall ist, decennienlang — gedauert haben, was gibt es da noch an Effecten zu verkaufen? In welchen physischen und moralischen Zustand geräth eine solche Bevölkerung? Können die Söhne derselben noch die Waffen für den Staat tragen? Trotzdem kam es bei einer Commissionsberathung über die Regelung der Verhältnisse der Kohlenarbeiter vor, daß ein liberales Mitglied den Minister ermahnte, die Regierung möge sich ja nicht in die Lohnfrage mischen.

Bei solchen und ähnlichen Lohnverhältnissen war das freilich begreiflich, aber es ist ebenso unwahrscheinlich, daß auf die Dauer die monarchische Regierung eines Reiches stumm und unthätig zusehen könnte, wie die Volksmasse durch das Classeninteresse Einzelner geistig und körperlich ruinirt wird. Wir sagen absichtlich: „auf die Dauer", denn der liberal-wirthschaftliche Aberglaube muß erst noch viel gründlicher aus den Köpfen und Herzen der Menschen verdrängt werden, bevor eine Regierung im Stande sein wird, die Gerechtigkeit und die Staatsraison auch auf diesem Gebiete zur Geltung zu bringen.

Die Arbeiterbevölkerung hat heute nur eine Aufgabe zu sparen und wieder zu sparen an Wohnungsmiethe, an Lebensmitteln und Kleidung, an Ausgaben für die Kinder und deren Unterricht, ja auch an der im Alter des Wachsthumes besonders nothwendigen hinreichenden Ernährung. Deßwegen begnügt man sich mit finsteren feuchten Kellerlöchern, lichtlosen Hofwohnungen von unzureichender Größe, kalten, trostlosen Mansarden, bei deren Ersteigung man sich Lungendefekten aussetzt. Hören wir, was ein außerordentlich tüchtiger Gewerbetreibender aus eigener Anschauung über die Wiener-Verhältnisse im „Vaterland" Nr. 45 v. J. 1883 veröffentlicht hat.

„In einer Gasse von Hernals ist eine Räumlichkeit, welche früher als Magazin verwendet wurde; da jedoch wegen allzu großer Feuchtigkeit die in derselben untergebrachten Waaren zu Grunde gingen, mußte das Magazin geräumt werden. Der

Besitzer des betreffenden Hauses wollte jedoch seine Räumlichkeit verwerthen und vermiethete dieselbe an einen Zimmermann. Der Raum ist ungefähr fünf Fuß breit und acht bis neun Fuß lang. Die Glasthüre dient gleichzeitig als Fenster. Vor dem Eingange ist eine Düngergrube. Die Einrichtung besteht aus einem schmalen Bette, einem Ofen, einem Stuhle und einer Kiste. Dieser Raum wird von drei erwachsenen Personen bewohnt und werden hiefür monatlich fünf Gulden bezahlt.

In demselben Hause wohnt ein steuerzahlender Schuhmacher. Seine Wohnung besteht aus einem schmalen Gassenladen und einer schmalen Kammer, die gleichzeitig als Küche dient. Der Schuhmacher arbeitet für einen Confectionär in der inneren Stadt und behauptet, seine Erzeugnisse um vieles besser zu verwerthen als seine Collegen, da seine Waare vom Confectionär zur Bedienung besonders heiklicher Kunden verwendet werde. Dieser Schuhmacher zahlt 12 fl. Monatsmiethe. Er ist verheirathet, hat vier Kinder und drei Lehrlinge. Sämmtliche neun Personen wohnen in den beiden angeführten Räumlichkeiten. Ihre Nahrung besteht in Folgendem: Morgens zwei Dekagramm Kaffee, sechs Dekagramm Surrogatkaffee, zwölf Dekagramm Zucker; dies kostet zusammen 13 kr.; Mittags dasselbe, Nachmittags dasselbe, Abends ein Kilo Erdäpfel und ausnahmsweise um 10 kr. sogenannte Preßwurst. Dazu wird täglich um 30 kr. Milch und Brod gekauft. Wöchentlich ein Mal wird — je nachdem es die Geldmittel gestatten — $7/10$ bis ein Kilo Fleisch gekocht.

Somit verausgabt unser Schuhmacher täglich für sich, sein Weib, vier Kinder und drei Lehrlinge im Durchschnitte einen Gulden. Rechnet man hiezu für den Tag an Miethe, Steuer, Bekleidung u. s. w. 80 kr., so sind es im Ganzen 1 fl. 80 kr. tägliche Auslagen. Da nun die Arbeit dieses Schuhmachers ausnahmsweise gut (im Sinne unserer Confectionäre) bezahlt wird, kann man sich einen Begriff davon machen, wie Jene leben müssen, welche keine Ausnahmspreise für ihre Producte erzielen. Dabei wird gearbeitet von früh Morgens bis in die späte Nacht, ja nicht selten muß selbst das zwölfjährige Töchterlein unseres Schuhmachers bis 12 Uhr Nachts an der Nähmaschine arbeiten!

Wie die drei Lehrlinge aussehen und wie sie zusammen in einem Bette schlafen, kann sich Jeder vorstellen. Man wird fragen: ja, warum kocht denn die Meisterin nicht eine Mehlspeise, deren Herstellungskosten vielleicht geringer wären, als jene des Surrogatkaffees? Unsere Schuhmachermeisterin muß ihrem Manne helfen und jede Minute benützen, um die Arbeit zu bewältigen. Wenn sie sich mit Herstellung einer kräftigeren Kost befassen wollte, würde sie ihre Zeit der Arbeit entziehen; sie kann also nur Nahrungsmittel bereiten, welche sehr wenig Zeit und Aufmerksamkeit fordern.

In derselben Stadtgegend beschäftigt ein Ruhebetten und Canapees erzeugender Tischlermeister drei bis vier Gehilfen und acht bis neun Lehrlinge, arbeitet selbst fleißig mit, kann aber kaum die Miethe für eine Küche und ein Zimmer erschwingen. Die acht Lehrlinge schlafen in der Werkstätte. Tägliche Arbeitszeit im Winter dreizehn, im Sommer vierzehn bis fünfzehn Stunden.

In vier mir bekannten Miethhäusern in Währing, Antonigasse und Annagasse, wird die Miethe per Woche, ja sogar nur per Tag bezahlt. Die Miethparteien sind Kleingewerbetreibende: Schuhmacher, Schneider, Darmsaitenerzeuger, Nadler, Anstreicher, Spielwaaren- und Geräthschaftenerzeuger u. dgl.; der durchschnittliche Wochenverdienst einer Familie übersteigt nicht 4 fl.

In einer ehemaligen Fabrik befindet sich eine ganze Colonie von Gewerbsleuten: Wäscher, Schuhmacher, Wäsche-Erzeuger u. s. w. Ihre Bedürfnisse kaufen sie bei einem Fragner, der gleichzeitig Bier und Wein schänkt. Ich kaufte in diesem Laden ein Stück Brod; als ich durch den Hofraum schritt, blickte ein kleiner Hund nach dem Brode, weshalb ich ihm ein Stückchen davon hinwarf. Augenblicklich fuhr aus einer im Hofe stehenden Kiste ein Kind auf den Hund los und riß ihm das Brod aus dem Rachen. Ich ließ mich durch das Kind zu dessen Mutter, einer Wäscherin, führen und frug sie um ihre

Erwerbsverhältnisse. Sie erzählte mir, daß sie trotz der angestrengtesten Arbeit nicht genug verdienen könne, um sich wöchentlich ein Mal satt zu essen. Sie studiere hin und her, allein sie benöthige täglich fünfzehn Kreuzer, um zu leben. Wenn nun die Zeit komme, in welcher die Miethe zu zahlen ist, müsse sie aufs Essen Verzicht leisten, um die Miethe aufzubringen. Ich frug nicht weiter.

An der Grenze zwischen dem Hernalser und Dornbacher Gebiete befindet sich eine Gruppe Häuser; ein daselbst befindlicher Fragner kauft das Petroleum literweise ein, da er nicht mehr Betriebscapital hat. Derselbe muß täglich zwei bis drei Mal nach Hernals gehen, um die nöthigen Victualien einzuschaffen. Zu welchen Preisen derselbe weiterverkauft, läßt sich hienach leicht ermessen.

Ein Schlossermeister beschäftigt vier Gesellen und sieben bis neun Lehrlinge, welche nach zurückgelegter Lehrzeit sofort entlassen werden. Da der Meister nichts als Kastenschlösser erzeugt, kann man sich denken, was die Lehrlinge in einer solchen Werkstatt lernen. Die Arbeitszeit ist an Werktagen zwölf, an Sonn- und Feiertagen acht bis neun Stunden. Die Lehrlinge werden aber noch länger in Anspruch genommen und besteht für dieselben überhaupt keine geregelte Arbeitszeit. Obwohl nun dieser Schlossermeister selbst fleißig mitarbeitet, ist er doch trotz der großen Ausbeutung der Gehilfen und Lehrlinge nicht im Stande, öfter als zwei Mal wöchentlich Fleisch zu essen." Dazu bemerkt die Redaktion des Blattes:

„Es ist ein wenig beneidenswerther Muth, solchen Zuständen gegenüber zum Quietismus aufzufordern; die systematische Verelendung des arbeitenden Volkes für ein Princip auszugeben, „welches die Wissenschaft anerkannt und die Erfahrung bewährt" habe. Vor solcher Pseudo-Wissenschaft schwindet der Respect von Tag zu Tag sichtlich dahin und wir hoffen bald die Stunde zu erleben, da sie als einer der verhängnißvollsten Irrthümer erkannt wird, welche die Menschheit jemals heimgesucht haben. Der Geist des Christenthums ist schon über eingewurzelte Irrthümer Herr geworden; der Geist des lebenbigen, praktischen in Thaten incarnierten welterlösenden Christenthums".

Wir unterschreiben diese Worte vollständig, gehen aber für jetzt ohne Bemerkung zur Betrachtung der sozialen Verhältniße auf dem Lande. Eine Leinenweberfamilie, in der nur der Mann verdienen kann, verfügt über ein Maximaleinkommen von 120 fl., oft nur über 60—90 fl. per Jahr. Was darf solch ein Weber essen? Nach eingezogenen Erkundigungen, schreibt „Vaterland", lautet sein Küchenzettel Jahr aus und ein:

„Das Jahr: Fleisch 4 bis 5 Kilo (Weihnachten, Ostern, Pfingsten); Brod 320 Kilo; Kartoffel 205 Kilo; zusammen 520 Kilo.

Diese Nahrung unterscheidet sich nicht nur quantitativ, sondern ganz besonders auch qualitativ in einem hohen Grade von dem nothwendigen Normale; an die Stelle von nahrhaftem Fleisch und Brod treten hier nahrungsarme Kartoffeln und die elende, den Magen ruinirende Kaffee- oder Cichorienflüssigkeit. Diese Nahrung erzeugt jenes Geschlecht, das die reiche Welt mit Verachtung als ‚scrophulöses Gesindel' bezeichnet, ohne daran zu denken, daß der unersättliche Geldhunger dieser Welt ein Hauptgrund ist, daß Millionen sich niemals satt essen können.

Die Weberküche kostet also für den Mann 23 fl. 50 kr., für die Frau 20 fl., für die drei Kinder 20 fl. per Jahr, zusammen 63 fl. 50 kr., das Quartier 20 fl., Bekleidung 20 fl. Beheizung 10 fl., Summe 130 fl. 50 kr. Was dürfen dann die sonst noch nöthigen Lebensbedürfnisse kosten?

Das Schwein des Bauers, das mit Buttermilch, Kartoffeln und Schwarzmehl aufgezogen wird, kann sich rühmen, eine kräftigere und gesundere Kost zu genießen als solche Weberfamilien, welche an die Stelle der inhaltslosen Kaffeelauge sehr gerne die dick und fett machende Buttermilch setzen würden, wenn die Schweine dieselbe nicht brauchten.

Solche Zahlen aus der Wirklichkeit reden eindringlicher als bogenlange Jeremiaden; gegenüber solchen Thatsachen, die zu Hunderttausenden unter uns vorkommen, werden alle officiellen und nichtofficiellen Phrasen von Volkswohlfahrt und Volksbeglückung zu einem Hohne auf die Wahrheit und die Menschheit.

Dies Beispiel des Leinenweberlebens wiederholt sich aber tausend und tausend Mal unter den Tibet- und Gemischtwaarenwebern, unter dem größten Theile der Spinnerei-Arbeiter, der Spitzenklöppler, der Glasarbeiter und Taglöhner.

Als die Weber in Brünn, mit ihren Familienmitgliedern mindestens 30.000 Seelen repräsentierend, 1876 durch einen allgemeinen Strike den Fabrikanten zu Gemüthe führen wollten, daß eine Familie in Brünn mit 4 fl. bis 6 fl. Wochenlohn nicht menschlich existieren könne, da hatte die ganze liberale Presse Oesterreichs und die Brünner Polizei nichts Eiligeres zu thun, als den armen Fabrikanten zu Hilfe zu eilen!

Vor dem Zeitalter der capitalistischen Volksausbeutung durch die geldmachende Bourgeoisie richtete eine „cristlich ermanung" an die Gewerbsleute folgende Warnung: „Wisze, handwerksmann und gesell, das die überschwenglichkeit in der cleidunge mit gold, silber und sunstige kostbarkeiten dir nit ansteet. Sag nit, ich verdiene genugsam, ich kanns lyden: die seel kann's nit lyden und ist es wider die cristlich ordnung dines stands. Guten lon und cost zu haben, verdienst du; gute starke cleider bis zu dry, vier und mehr verdienst du ebenmeßig, und sind dir ein erbar schmuck. Aber überkostlikeit ist diner seele dieb und dines leibes verherer, weil sie gebirt Laster vieler art. Halte die seele stark und rein. Nit minder stark und rein dinen leib." Wir glauben kaum, daß sich ein Sittenprediger finden dürfte, der unseren „handwerksmann und gesell" von Luxus mit überschwenglichkeit in der cleidunge mit gold, silber und sunstige kostbarkeiten" heute warnen zu müssen glaubt.

Wie könnte es auch anders sein, da unser herrschendes Creditsystem den producirten Mehrwerth dem mobilen Capitale zuführt, Besitz und Arbeit dagegen bis zur Blutleere aussaugt.

Wie steht es mit der Ackerbau treibenden Bevölkerung? Wir wollen zugeben, daß, was die Nahrung betrifft, sie in einzelnen

Ländern gut, in anderen genügend sich noch zu versorgen wisse, weil sie eben die Lebensmittel erzeugt, dieselben in erster Linie für sich verwendet. In dieser besseren Ernährung ist zugleich der Grund gegeben, daß wir noch eine Armee haben, marschfähig und schlagkräftig. Die industrielle Bevölkerung assentiert sich zur Armee der Bettler mit jedem Jahre in größerer Anzahl. Indessen geht es mit der Wohlhabenheit der Landbevölkerung auch offenkundig zurück, sprechen die statistischen Daten bereits eine Besorgniß erregende Sprache. Der Kleingrundbesitz verfällt der Subhastation. Wenn in einem einzigen Jahre 50000 Bauern von ihrem Eigen getrieben werden, wie es gerade in unserem Vaterlande geschehen, so heißt das, daß 50000 Familien zu Taglöhnern werden, welche einen Theil des Jahres Arbeit haben, und sich da das zum Leben Nöthige verdienen, die andere Zeit aber darben müssen, vielleicht auch der Wohlthätigkeit zur Last fallen.

Ferner darf nicht vergessen werden, daß die enteigneten Gründe nicht stets anderen Bauern zufallen, sondern vielfach dem Kapitale verbleiben, Geldmenschen, welche selbst nicht arbeiten, sondern ihr Geld arbeiten lassen, wie sie sagen. Diese legen Gründe zusammen, errichten Latifundien, bearbeiten den Boden mit Maschinen und ersparen dadurch Arbeitskräfte, oder machen weite Strecken zu unfruchtbaren Jagd- und Weidegründen.

Was geschieht? Die vorhandene Bevölkerung unterbietet sich in der Beanspruchung einer Entlohnung, um nur das Nothwendigste zu verdienen, und das Ende, wir sagen nicht, ist, sondern wird dasselbe Elend sein, wie es auf der industriellen Bevölkerung bereits lastet. Ueberall wo das Kapital übermächtig wird in einer oder wenigen Händen, da unterliegt die auf sich angewiesene Arbeitskraft. Es ist elementare Gewalt, es wirkt mit der Unwiderstehlichkeit der Naturkraft, wenn einmal einem Princip Geltung, Anerkennung verschafft, zugestanden worden ist. Wir stehen in Oesterreich im Anfange des Kapitalismus und schon machen die Folgen der Enterbung der Massen grosse Bedenken den Regierenden und allen Freunden des Volkes.

Noch größer werden die Sorgen, wenn wir das Horoskop stellen und uns die Entwicklung, die wie schon gesagt, naturnothwendig eintreten muß, vor Augen stellen. Wir bedürfen dazu nicht der Phantasie, wir wenden den Blick jenen Ländern zu, in welchen der Capitalismus bereits zeitig geworden, die Masse proletarisiert hat. Ein solches Land ist England.

Grauenerregend ist, was die Schriftsteller der Kreideinsel, der viel angestaunten weltbeherrschenden industriellen Großmacht von der sozialen Lage der Heimat eingestehen. Wir verweisen auf das, was Adam Smiths, Ricardo, Malthus und A. selbst niedergeschrieben haben, was insbesondere die Gegner des Capitalismus und auch des individuellen Privateigenthums mit Flammenschrift der Nachwelt überliefert. Es graut dem Leser der authentisch angefertigten statistischen Daten vor den Zuständen der industriellen Bevölkerung in den Fabriken, den Bergwerken. In diesen Blaubüchern des Elends, welche Regierungskommissäre veröffentlichten, liest man von 5jährigen Kindern die Handschuhe nähen, 14—16 Stunden täglich; man liest von Schaaren halberblindeter Mädchen, welche morgens zuerst in die Augenklinik, dann in die Arbeitsstuben getrieben werden; weiter von dreijährigen Knaben, die am Feuer kauern, mit heißen Bügeleisen in der Hand, während einige daneben die versengten Händchen in Wasserschüsseln kühlen, andere mit verbundenen Händen auf dem Strohlager sitzen, weil ihnen bei der Arbeit die Finger aus den Gelenken gegangen sind.

Wenn derartige Schilderungen in Romanen vorkämen, würde man sagen, sie seien von den entsetzlichen und abscheulichen Sozialdemokraten ausgedacht worden, um aufzureizen; da sie von Angestellten offiziell erhoben wurden, können wir nur die traurige Wirklichkeit beklagen. Ein Großtheil der Proletarierbevölkerung, jener der nicht Arbeit findet und nicht entweder im Gefängnisse sitzt oder im Werkhause arbeitet, oder auf die problematischeste Weise in Freiheit sein Leben bis auf bessere Tag zu fristen bestrebt ist, stirbt, lebt eigentlich nicht, stirbt langsam, successive, durch allmähliges Verhungern. Die Lage dieser Leute ist weit schrecklicher als die der Wilden; denn

Letztere, nicht sie, dürfen sich von dem das Nothwendige aneignen, was Flur und Wald bergen. Sie haben nur die Ueberzeugung, daß alle Gesetze, Einrichtungen gegen sie sind in dem Sinne, daß sie sich selber nicht helfen können. Vielleicht ist es noch ein Glück, wenn nicht für die Proletarier doch für die Besitzenden, daß durch das Elend die Denkkraft abgestumpft wird. Es könnte sonst, vielleicht müßte, bei der herrschenden materialistischen Richtung, welcher sie auch gerade wie die reichen Klassen des Liberalismus huldigen, ein zwar sehr einfaches aber nicht gefahrloses Grübeln erfolgen. Der Proletarier, Arbeiter von Fall zu Fall, könnte sagen: Ich bin nur zum Elende da; manchmal habe ich Arbeit und Essen, ein andermal wieder nicht. Diejenigen, welche nicht arbeiten, haben immer gutes und genügendes Essen; sie freuen sich des Lebens, sie wenden alle Mittel ohne Rücksicht der Kosten an, Bäder, Reisen ꝛc. um ihr Leben zu erhalten. Wir sterben auf dem Düngerhaufen, oder im Hospital. Und damit unser Leib auch als todter noch dem Reichen nütze, so kommen wir auf die Anatomie,[1]) damit die jüngeren Aerzte an uns herumschneiden und lernen, später die Reichen gut zu kurieren, denn für uns studiert kein Arzt, uns operiert man nicht mit Kosten und Mühe, wir können ja nicht zahlen. Wir sind die ausgestoßene Kaste, sind die Parias.

So könnte Einer räsonnieren, nein, wenn er dem liberalen Materialismus bereits ergeben ist, so muß er räsonnieren. Vom Standpunkte des Liberalismus läßt sich ihm kein Wort entgegensetzen, höchstens: es läßt sich nicht ändern, das Schicksal ist mächtiger als Menschenwille. Daß mit derlei Phrasen aber nichts ausgerichtet sein würde, insbesondere, da jedermann in seinem Innern Tag und Nacht die Stimme vernimmt: Du bist ein Mensch und die Anderen sind es auch, es ist keine Gerechtigkeit auf dieser Welt, glauben wir nicht erst beweisen zu sollen. Indessen wenn auch die Leute nicht räsonnieren, dunkel fühlen es sicher auch die Abgestumpftesten, daß es irgendwo fehlen müsse.

---

[1]) Zeitschrift für die gesammte Staatswissenschaft. Tübingen 1874. II. S. 213 ff.

Wir fürchten sehr, wenn diesem Hexenkessel mit seiner gesteigertsten Spannkraft nicht ein Ventil zu rechter Zeit noch geöffnet wird, wenn, wie schon einmal erwähnt, nicht eine Reformation, sondern eine Revolution Erlösung ruft, so wird der lange verhaltene Groll der Massen im Blute der Besitzenden die Erinnerung an die Vergangenheit abwaschen.

Man schrie über die Morde der neunziger Jahre des vorigen Jahrhunderts, über die Gräuelthaten von Paris aus 70/71 und hatte Recht. Es waren Gräuel. Allein man bedenkt nicht, was man bedenken sollte: wir gehen noch ernsteren Zeiten entgegen und ist es möglich, ja wahrscheinlich, daß die beiden Ereignisse nur kleine Kerzenflammen gewesen sind gegen den Riesenbrand, welcher der Zukunft bevorsteht, wenn — nicht Reform eingeführt wird.

Wir kommen wieder auf den Punkt, den wir in dieser Schrift besonders der Beachtung empfehlen jedermann, unseren Mitbrüdern insbesondere. Wir müssen das Recht schützen, das Eigenthum als einen Theil des Rechtes vertheidigen, kein Zweifel. Stellen wir uns jedoch nicht zur Wertheimkasse allein als eine Art Büttel, rufen wir die Pflicht der Reform auch in die oberen Etagen hinauf. Insbesondere begehen wir nicht den Nonsens, den Schein zuzulassen, als ob Gott die Reichen lieber seien. Uns persönlich können Einzelne lieber sein, wir leben mit und von ihnen, sie sind vielfach aufmerksamer, zarter, und verlangen nichts von uns, aber hüten wir uns den Schein, um mehr kann es sich überhaupt nicht handeln, auch nur zuzulassen, als ob die Fehler, Härten und Sünden der Reichen nur Schwächen wären, welche vom Himmelreiche nicht ausschließen, weil Stiftungen von ihrem Gelde gemacht worden sind, weil die Bettler und Pfründner betend mit der Leiche gegangen sind. Das müßte ja im Armen den Gedanken wachrufen, als ob der Mammonismus und Kapitalismus auch im Himmel Geltung habe, als ob man auch drüben Sperrsitze und Logen bekäme, aus welchen man auf den Pöbel herabsehen könne.

Zum Schluße dieses Kapitels scheint es uns nothwendig, noch besonders zu konstatieren, daß die geschilderte elende Lage, nachdem einmal das dazu führende System adoptiert ist, durchaus nicht bei der industriellen Bevölkerung stehen bleibt. Im Gegentheile, die Landbevölkerung kommt eben so sicher daran, wenn sich einmal das Kapital den Grundbesitz ganz angeeignet haben wird, eine Aneignung, die bei herrschendem Kapitalismus nur eine Frage der Zeit ist.

Wir finden in einem der umfangreichen Werke Schäffle's[1]) genaue, allerdings sehr traurige Angaben, wohin es mit dem Bauernstande vieler Provinzen Englands gekommen ist — durch den Kapitalismus. Weit ausgedehnte Landstrecken sind von Kapitalisten aufgekauft worden. Ihr erstes Bestreben war die Cottages niederzureißen, verfallen zu lassen, jedenfalls nicht der seit der Grundenteignung zu Taglöhnern gewordenen ländlichen Bevölkerung zu fernerer Benützung zu überlassen. Da bei dem durch Kapitale möglich gewordenen Betriebsmodus nur geringere Arbeitskräfte und selbst die nur zu ganz bestimmten Zeiten erforderlich sind, so müssen die Landarbeiter in der Zeit der Beschäftigungslosigkeit der Armenversorgung zur Last fallen. Das Kapital sucht zur Erzielung höherer Grundrente diese Last von sich abzuwälzen ganz oder zum größten Theile. Das ist nicht sehr schwer. Man gibt einfach dem Proletariat auf seinem Terrain keine Wohnsitze und dasselbe drängt sich in die offenen Dörfer und sucht dort in den unmöglichsten Räumlichkeiten nothdürftige Unterkunft. Daß Sittlichkeit und Gesundheit darunter leiden, kümmert die Grundrente nicht, sie erspart das Armengeld!

Innerhalb 10 Jahren ist es in 821 Distrikten Englands geschehen, daß eine um $5^1/_2$ % größere Bevölkerung in einem um $4^1/_2$ % geringeren Hausraum gedrängt wurde. Wie viel Elend hier beisammen sein mag, wo Einer dem Anderen nicht helfen kann, läßt sich nur andeuten.

Kommt die Zeit der landwirthschaftlichen Arbeiten, dann strömt die ganze schlecht genährte Masse hinaus in's Land,

---

[1]) Kapitalismus und Sozialismus. Von Dr. A. E. F. Schäffle, Tübingen 1870 S. 420 ff.

oft viele Meilen, Tagereisen weit, um auf den menschenleeren Landgütern zu arbeiten und dabei im Freien zu campieren. Das ist das sogenannte „Gang=System". Das seßhafteste Volk, das Bauernvolk ist zum Nomadisieren verurtheilt worden. Diesen Gängen oder herumschweifenden Horden bleibt Eines beständig, der Wucher ihres eigenen Gangmeisters, die geschlechtliche Verwilderung und die Vernachlässigung der Kinder. Zwar hat die Gesetzgebung die weiblichen Gänge unter weibliche Führung angeordnet, aber das Uebel konnte sie nicht abstellen.

Nebenbei bemerkt ist das Gangsystem auch in unserem Vaterlande üblich, bei Eisenbahnunternehmungen, Teichgräbereien, ja selbst auch, wenigstens in den Böhmen angrenzenden Ländern, bei Landarbeitern. Ob die Folgen und Wirkungen bereits dieselben sind wie in England, entgeht uns.

Ueber die englische Gangarbeit theilt C. Marx folgendes mit: „Das Gangsystem herrscht in einzelnen Distrikten ausschließlich. Ein Pächter z. B. sagte vor der Untersuchungskommission aus: Meine Pacht erstreckt sich über 320 Acres, altes Kornland. Sie hat keine Cottage. (Arbeiterwohnung.) Ein Arbeiter wohnt bei mir. Ich habe vier Pferdemänner in der Umgegend logierend. Das leichte Werk, wozu zahlreiche Hände nothwendig sind, wird durch Gänge vollbracht. . . .

Der Gang besteht aus 10—40 Personen, Weibern, jungen Personen beiderlei Geschlechts (13—18 J.) endlich Kindern (6—13 J.) An der Spitze steht der Gangmaster, immer ein gewöhnlicher Landarbeiter, meist ein sogenannter schlechter Kerl, unstät und versoffen, aber mit einem gewissen Unternehmungsgeist und savoir faire. Er wirbt den Gang, der unter ihm arbeitet, nicht unter dem Pächter. Mit letzterem accordiert er meist auf Stückwerk und sein Einkommen hängt fast ganz ab vom Geschick, womit er in kürzester Zeit möglichst viel Arbeit aus seiner Bande flüssig macht. Die Pächter haben entdeckt, daß Frauenzimmer und Kinder nur unter männlicher Leitung ordentlich arbeiten, aber einmal im Zuge mit wahrem Ungestüme ihre Lebenskraft verausgaben.

Der Gangmaster zieht von einem Gut zum andern und beschäftigt seine Bande 6—8 Monate im Jahr. Er ist daher ein viel besserer Kunde, als der einzelne Pächter. Dieser Umstand bekräftigt seinen Einfluß, so daß in vielen Gegenden Kinder nur durch seine Vermittlung zu haben sind.

Die Schattenseiten des Systems sind die Ueberarbeit der Kinder und jungen Personen, die ungeheuren Märsche, die sie zu machen haben, oft 5—6—8 Meilen, endlich die Demoralisation des Ganges. Der Master bedarf zu seinem Amte der Popularität und fesselt seine Leute durch blühendes Zigeunerthum. Rohe Ungebundenheit, lustige Ausgelassenheit und obszönste Frechheit leihen dem Gange Flügel. Meist zahlt der Gangmaster in einer Kneipe aus und kehrt dann wohl wankend rechts und links von Frauenzimmern gestützt, heim. Die Kinder und jungen Personen hinter her tollend, Spott- und Zotenlieder singend. Auf dem Rückwege ist, was Fourier Phanerogamie nennt, an der Tagesordnung. Die Schwängerung dreizehn- und vierzehnjähriger Mädchen durch ihre männlichen Altersgenossen ist häufig. Die offenen Dörfer werden Sodom und Gomorrhas. Was in dieser Schule gezüchtete Mädchen als Frauen in der Sittlichkeit leisten, ist einleuchtend. Ihre Kinder, soweit sie nicht durch Opium beseitiget werden, sind geborne Rekruten des Ganges."

Leicht wäre es uns, nun noch aus uns vorliegenden Quellen viel mehr Elend, Verwahrlosung der breiten Schichten der Bevölkerung aus nah und fern anzuführen, allein wir halten es für überflüssig. Wer die Verhältnisse des Auslandes, die unserer Städte nicht kennt, kennt doch sicher das täglich wachsende Proletariat der von Land zu Land, von Strafanstalt zu Strafanstalt nomadisierenden Bettler- und Vagabundenhorden. Und wer nicht von Voreingenommenheit ausgeht, wird zugeben, daß wenigstens ein großer Theil bis zu dieser Stufe gesunken, nicht weil er faul, schlecht rc. war, sondern weil er es bei aller Mühe nicht zu einem menschenwürdigen Dasein bringen konnte. Erst nachdem er alle Hoffnung aufgegeben, ist Schlechtigkeit unsertwegen auch Faulheit nachgehinkt.

Und was beweist das Alles, was im Vorhergehenden angeführt ist? Das beweist die soziale Frage, das Vorhandensein derselben, die Nothwendigkeit der Lösung und die größten Gefahren, wenn sie nicht gelöst wird. Damit sagen wir nichts Neues, bilden es uns auch nicht ein. Aber gesagt, zum Nachdenken vorgelegt wollen alle diese Dinge doch sein.

Zur Lösung dieser wichtigsten und schwierigsten Frage sind schon viele, viele Systeme ausgedacht worden, und werden noch immer ausgedacht. Die soziale Literatur wächst riesig an, haben wir schon gesagt.

Man kann für jeden Beitrag nur dankbar sein, wenn es ein Beitrag zum Besseren ist. Deren sind nicht viele. Ein Grundfehler haftet den von moderner Seite an: sie reflectieren auf die Moral nicht. Ohne Moral jedoch gibt es keine Besserung, was immer die Liberalen sagen mögen, die gerne die Herrschaft über die große Masse zu eigenem Nutz und Frommen beibehalten möchten, und was immer die Communisten sagen mögen, die gerne nicht bloß das Wirthschaftsprinzip, sondern auch die christlichen Prinzipien umstoßen möchten.

Mit bloßer Moral und Predigt von Geduld und Ertragen und Entsagen ist aber ebenfalls nichts gethan. Derlei Worte verhallen im Winde und — sind im Christenthume auch gar nicht begründet. **Beides muß zusammen kommen:** Thätiges Eingreifen mit Beachtung der fundamentalen, stets giltigen Wahrheiten. Zu zeigen nun, wie beide, oder alle drei Richtungen, die zwei unchristlichen und die quasichristliche irre gehen ist Aufgabe des Nachfolgenden. Wir schreiben keine Geschichte der Bestrebungen für soziale Besserung und Volkswirthschaft, daher bleiben wir nur bei jenen Parteien stehen, welche jetzt auf dem Platze stehen und greifen in die Vergangenheit nur soweit zurück, als Solches zum Verständnisse nothwendig erscheint.

3. Wirthschaftssysteme.
a. Die Liberalen und der Liberalismus.

Dem Liberalismus, als wirthschaftlichem Systeme, System der freien Concurrenz, Erwerbsfreiheit oder wie man es in Bezug auf die grundlegende Tendenz bezeichnen mag, kommt bis heute noch die Vermischung und Verwechslung mit politischer Freiheit zu Gute. Man hat kein Recht, Allen, welche für ihn schwärmen, an demselben festhalten wollen, schlechte egoistische Absicht a priore zur Last zu legen: Mangel an Verständniß, an Durchdringung des Zusammenhanges zwischen Ursache und Wirkung, hält viele im liberalen Lager fest, die eigentlich wo anders hin gehören würden. Es ist historisch richtig, daß das liberale Wirthschaftsprinzip bei seinem Auftreten mit Begeisterung aufgenommen wurde, als Erlöser von den unleidlichen Zuständen des Monopolismus begrüßt, ja daß dieses System zweifelsohne bei seinem Auftreten befruchtend auf die Industrie gewirkt hat, daß es im ersten Augenblicke als eine Verbesserung der bisherigen Zustände erscheinen mußte.

Um nicht einseitig zu sein, ferner um nicht mißverstanden zu werden, wie es der sogenannten conservativen Richtung öfter passirt, indem man ihr einfach Resuszitationsversuche der alten Zunftverhältnisse unterschiebt, wollen wir gleich constatieren, daß zur Zeit des hereinbrechenden Liberalismus Unzufriedenheit und ungesunde Zustände unter den Völkern herrschten. Ob letztere so arg waren, als die, zu welchen das angebliche rettende System in seiner weiteren Entwicklung geführt hat, braucht hier nicht erörtert zu werden, um so weniger als die einstimmige Ansicht herrscht, daß die gegenwärtige materielle Noth der großen Masse den Zenith erreicht habe. Daß aber in Bezug auf politische Knechtung das vorige Jahrhundert unerträgliche Zustände geschaffen hatte, das steht auch fest. Wie und warum das so gekommen, übergehen wir hier, sowie wir uns auch überwinden, um nicht concrete Beweise zu bringen dafür, daß heute die politische Freiheit endlich und schließlich eine große Comödie geworden sei, die soziale sog. Freiheit aber direkte Knechtschaft unter der Skorpionenherrschaft eines modernen Roboam, der von seinem Vorgänger wohl die Macht, aber nicht die Weisheit geerbt hat.

Das System, welches dem liberalen vorausgegangen, faßt man zutreffend unter dem Namen: Monopolismus. Von ihm sagt Marlo[1]): „Er will nicht Gleichberechtigung, sondern Bevorrechtung, nicht Freiheit und Gleichheit, sondern Unfreiheit und Ungleichheit. Seine Anhänger sind der Meinung, daß die Bestimmung der Menschen gänzlich verschieden sei, daß die Einen zum Herrschen, die Anderen zum Gehorchen, die Einen zum Genuß und die Anderen zur Arbeit geboren seien. Ihr Recht ist deshalb ein Aggregat von Sonderrechten, durch welche allen Gliedern der bürgerlichen Gesellschaft ohne Rücksicht auf persönliche Befähigung ihre politische und soziale Stellung angewiesen wird und die Weltgeschichte erscheint ihnen als ein großes Glücksrad, woraus die Treffer und Nieten, die großen und kleinen Gewinnste in zufälliger Mischung fallen."

Die Vertheidiger dieses Systems, von dem übrigens Marlo selbst zugibt, daß es im großen Ganzen von allen Systemen am wenigsten schädlich gewirkt, beziehungsweise, am Besten die die Gesellschaft ruinierenden, anderen Systemen eigenen Extreme vermieden habe, berufen sich auf göttliche Anordnung oder auf die Folge des Naturgesetzes, durch welche der Schwächere dem Stärkeren untergeben sein müsse. So Graf de Maistre, L. v. Haller u. A. Es ist, und das scheint Marlo, dem sonst sehr scharfsinnigen Autor entgangen zu sein, in Bezug auf göttliche Anordnung immer das alte Wort festzuhalten: Non est potestas, es gibt keine Gewalt außer sie sei von Gott angeordnet. Der Mensch von Natur aus sozietär angelegt, also von Gott gewollt als ein gesellschaftliches Wesen, bedarf gesellschaftlicher Einrichtungen, einer politischen und sozialen Ordnung. Die Form dieser Ordnung bestimmt Gott der Herr nicht, höchstens ausnahmsweise, z. B. bei dem israelitischen

---

[1] Untersuchungen über die Organisation der Arbeit. Kassel 1850. S. 274 ff.

Volke. Bildet sich eine politische Regierungsform, eine soziale Ordnung, ohne die positiven Vorschriften des göttlichen Gesetzes sowie des Naturgesetzes zu verletzen, so besteht eine solche sicher zu Rechte, kann daher immerhin indirekt als göttliche Anordnung erklärt und betrachtet werden.

Zweck aller Anordnungen, Zweck aller Gesetze, lehrt die Moral, ist und muß das bonum commune sein. Hört ein (menschliches) Gesetz auf, dieses zu befördern, schädiget es vielleicht dasselbe, so hört die verpflichtende Kraft der Gesetze von selbst auf, es bedarf dazu nicht einmal eines constatierenden legislatorischen Aktes.

Wenn es wahr gewesen, das der wirthschaftliche Monopolismus schädlich geworden, also einer Aenderung bedurft habe, was wir servatis servandis ohne Weiteres zugeben, so konnte und sollte er geändert werden. Dem stand durchaus nicht der bisherige Zustand als rechtliches Hinderniß entgegen und müßte man es höchst einseitig finden, wenn Einzelne auf den positiven Willen Gottes sich berufen hätten und Stillstand hätten diktieren wollen.

Es ist eine Eigenthümlichkeit natürlicher Art, daß beim Verluste des Einen der Andere gewinnt und umgekehrt. Am Monopolismus hing gewiß für den bevorrechteten Theil der Gesellschaft Glück und Wohlbefinden, gegen dessen Entreißung er sich sträubte, sowie heute, da der Liberalismus ebenfalls zum Monopolismus der Plutokratie ausgewachsen ist, eine Anzahl Menschen dieses System als gut, nützlich (für sich), ja als gerecht, direkt gott- oder naturgewollt findet. In diesem Widerstreite der Anschauungen läßt sich das Recht nur mit Hilfe des Moralgesetzes vom bonum commune der Gesetze und Einrichtungen finden. Gewiß ist der Einzelne oft leicht geneigt, seinen Vortheil als Vortheil des Ganzen zu halten und zu erklären, indessen schafft dieses doch nur theoretische Schwierigkeiten. Praktisch kann sich eine der großen Gesellschaft schädliche Einrichtung auf die Dauer nie halten, sie oder die Gesellschaft, das Volk, geht zu Grunde.

Bei Eintreten derartiger historischer Nothwendigkeiten, ist die Mahnung Bischof Ketteler's[1] wohl zu beachten nicht bloß von Seite der Katholiken, an welche er sich wendet, sondern allgemein. Er sagt: „Wir Katholiken müssen uns vor dem Scheine hüten, als ob wir dagewesene Zustände, soziale und politische Formen der Vergangenheit für unverbesserlich hielten, als ob es unser Bestreben wäre, sie in jeder Hinsicht zu loben, und der Zukunft als einziges Heilmittel anzuempfehlen. . . . . Wir können nicht im voraus bestimmen, welche bürgerliche und gesellschaftliche Gestaltung der Geist des Christenthumes, wenn er einmal Alles durchdrungen haben wird, in der Menschheit hervorbringen wird."

Ob die Diener der Kirche beim Wechsel des wirthschaftlichen Systemes, dem dann bald eine revolutionäre Aenderung der politischen Ordnung auf dem Fuße folgte, zunächst wohl aus dem Grunde, da eine neue Schichte wirthschaftlich erstarkte und diesen Zustand zu erhalten sich die politische Form auf den Leib schnitt, daran gedacht haben, daß die monopolistische Ordnung zum Mindesten nicht die einzig mögliche moralisch erlaubte sei? Wir wissen das nicht, aber wenn wir es wüßten, würden wir es nicht sagen, weil hintenher Vorwürfe zu machen, zwar wohlfeil aber nutzlos ist.

Das ist sicher, daß die Priesterverfolgung in der Revolutionszeit nicht jene Höhe erreicht hätte, wenn die Priester nicht als Verbündete der Monopolisten gegolten hätten, wenn man in ihnen nicht die Wächter der monopolistischen Kassen? nein, (denn erworbenes Eigenthum muß immer als unverletzlich erklärt werden), sondern die Wächter des ewigen Flusses der Volksmittel in diese Kassen gesehen hätte.

Die wirthschaftliche Revolution des vorigen Jahrhunderts wirkte wie ein elementares Ereigniß höchster Intensität: eine wahre Sintfluth überströmte sie die Oberfläche der Erde und warf die Menschen durcheinander. Daß dabei viel Erhaltenswerthes weggeschwemmt wurde, braucht kaum eigens ausgeführt zu

---

[1] Ketteler, Freiheit, Autorität und Kirche. Mainz 1862. S. 5 ff.

werden; ja daß der neue Zustand der Dinge, die als Heiland und Erlöser betrachtete Idee, welche den alten Fundamenten den Untergang brachte, zu schlimmeren Dingen führte, ist heute derartig eingestanden und anerkannt, daß von vielen Seiten Wiedereinführung von Einrichtungen jener Zeit anempfohlen wird. Man denke an die Bemühungen zur Wiederherstellung der Zünfte und Genossenschaften, Organisierung der Arbeit und Arbeiter.

Nebenbei gesagt, wird eine Resuscitation solange unmöglich sein, als die Menschen den Geist der Zünfte nicht haben, nicht fassen. Jener Geist war ein Geist der Entsagung, der Unterwerfung. Die Zunftgenossen schieden sich in strenge gesonderte Gruppen von Lehrlingen, Gesellen, Meistern; es erging jeder Gruppe besser, als im Ganzen heute den entsprechenden der jetzigen Ordnung, wann und wo es eine solche überhaupt gibt. Allein einst hatte nicht jeder Lehrling das Anrecht auf zukünftiges Meisterrecht in der Tasche, bei vielen hieß es entsagen, immer, durch das ganze Leben. Gelangte jedoch jemand zu einer selbstständigen Stellung, spät, nach vielen Mühen, oft auch Chikanen, dann wurde er in vielem gehindert, seinem Willen, seinem Unternehmungsgeiste zu folgen. Die Zünfte hinderten das übermäßige Anwachsen der Bevölkerung, also der Concurrenz, durch Schwierigkeiten zu heiraten, späte Heiraten u. A.[1])

Freilich hatte jene Ordnung dafür auch viel Gutes, wodurch sie wenigstens so lange für die Beschränkungen entschä-

---

[1]) Beispiele, wie die Zünfte die Freiheit beschränkten, siehe bei Marlo C. 1. S. 31 ff. Die Zünfte wachten über Güte der Erzeugnisse, schlechte wurden zerstört. Unter Colbert in Frankreich wurden die betreffenden Meister an den Schandpfahl gestellt, wenn ihre Produkte das waren, was sie heute gewöhnlich sind: Schund. — Die Anzahl der Meister war beschränkt, die Arbeiten strikte gewißen Zünften zugewiesen und wurden Uebergriffe strenge geahndet. Nicht selten waren Neuanfertigung und Reparatur derselben Dinge verschiedenen Zünften zugetheilt.

Auch nach Außen, auf Kleidung und Frisur erstreckten sich Vorschriften und Gewohnheiten. Die Schneider trugen eine Locke an der Perrücke, der Goldschmied zwei und der Apotheker durfte drei tragen u. s. w.

digte, als sie vernünftig und billig gehandhabt wurde. Jeder Handwerksgenosse hatte einen Halt an seiner Zunft, und konnte nicht in den Abgrund des Elendes versinken. Arbeitergreise, die, um Fürst Bismark auch zu citieren, auf dem Misthaufen sterben, kannte man nicht, in Friedenszeiten und geordneten Verhältnissen wenigstens nicht.

Ob die heutige Zeit sich zu solchen Einschränkungen bereit finden lassen würde? Ohne Selbstentsagung gibt es keine haltbare Zunftverfassung.

Wie es in der Zeit des Monopolismus um die Landbau treibende Bevölkerung stand? Es war die Zeit der Hörigkeit und der Naturalwirthschaft sicher nicht die schlechteste, wenigstens vor der sogenannten Reformation. Nach derselben, um nicht zu sagen, zum Theile durch dieselbe und wegen derselben ging es mit der menschenwürdigen Stellung des Standes sicher reißend abwärts. Wie hätte es auch anders sein können, da Luther an die deutschen Fürsten, diese beutegierigen Hebammen der neuen Religion den Aufruf erließ: „Wohlauf ihr Fürsten, greift zu den Waffen: Schlagt sie todt (die Bauern nemlich)! Spießt sie auf! Die Zeiten sind gekommen, wunderbare Zeiten, wo ein Fürst durch Blut leichter den Himmel erringen kann, als wie durch Gebete. Schlagt sie todt! Spießt sie auf! Tödtet sie von vorne oder hinten, denn es gibt nichts Teuflerisches als einen Empörer. Er ist ein wüthender Hund, der Euch beißt, wenn ihr ihn nicht todt schlagt. Ihr dürft nicht schlafen, nicht geduldig und barmherzig sein. Die Zeit des Schwertes und Zornes ist nicht die Zeit der Gnade!

Wenn ihr im Kampfe umkommt, so seid ihr Martyrer vor Gott, denn auf Gottes Befehl zieht ihr gegen sie. Wenn aber euer Feind, der aufrührerische Bauer fällt, so wird ihm das ewige Feuer, denn er führt das Schwert gegen das Gebot des Herrn. Er ist ein Kind des Teufels!"

Welche Sprache! So redete eben jener Mann, der durch seine Predigten vorher das Volk gegen die Obrigkeit aufgereizt hatte.

Dasselbe mochte gewiß Gründe zu Klagen und Unzufriedenheit haben, denn Freiheit und Gerechtigkeit werden bis in diese Schichten nicht immer hinabgeleuchtet haben, nicht von Seite geistlicher und weltlicher Landesherrn. Aber nicht zu entschuldigen ist der besprochene Aufruf und bleibt es, was die Protestanten immer sagen mögen. Nicht zu entschuldigen ist überhaupt Luthers Stellungnahme gegen die Bauern. Ihr haben sie die folgenden Jahrhunderte hindurch das grausame Loos zu verdanken, das ihnen zu Theil geworden.

Ob die vielen lutherischen Bauern, die auch in unserem Vaterlande bis heute mit staunenswerthem Starkmuthe an Luther und seinem reinen Gottesworte halten, Kenntniß haben, wie dieser Gottesmann gedacht? „Den Eseln Disteln, Sattel und Peitsche, den Bauern Haferstroh. Wollen sie nicht fressen, alsdann den Stock und Karabiner und zwar von Rechtswegen."

Liebliche Worte nicht wahr? Sie stammen von Martin Luther.

Oder: „Mit den Bauern darf man kein Erbarmen haben; der Zorn und die Wuth Gottes und der Menschen kommen über sie. Sie rechtfertigen, mit ihnen Mitleid haben, sie unterstützen wollen, heißt Gott leugnen und lästern und sich selbst die letzte Hoffnung auf den Himmel rauben".

Auch das schrieb Luther, und Melanchthon, der zartsinnige Genosse Luthers, verstieg sich zu den Worten: „Diese Schlingel (die Bauern) sind nur eine gemeine Brut, die gar keine Seele hat. Was wollen denn diese Bauern? Sie haben noch zu viele Freiheit." . .[1])

Eine Bemerkung zu machen dürfen wir uns ersparen. Wir wollen dafür dem öfter genannten Wiener Vaterland einen dort angeführten Auszug älterer Nachrichten über die einstige Lebensweise des Volkes, besonders des Landvolkes, des Gesindes, der Hörigen entnehmen. Es heißt dort:[2])

Als ein Beispiel von vielen theilen wir aus Mone's „Zeitschrift für die Geschichte des Oberrheins", Band 10, folgenden Küchenzettel vom Jahre 1573 mit:

---

[1]) Der heutige Protestantismus v. Abbé v. Segur. Mainz 1859.
[2]) N. 5 vom Jahre 1883.

„Verzaichnus, was man dem gesindt vor die Wochen aus für eßen und gemues geben soll. Item den sonntag zu morgen ein fleisch, ein supp und ein gebratenes; zu nacht ein fleisch, ein gerst und ein briessen oder andern, was furhanden ist. Item den montag zu morgen ein fleisch, ein supp, ein rubenmus, ein pfeffer oder ein ander essen in die statt; zu nacht ein fleisch, ein habermus und ein briessen. Item den dienstag zu morgen ein fleisch, ein supp, ein gedempftes und ein kraut; zu nacht ein fleisch, ein griesmus und ein briessen. Item den mittwoch zu morgen ein fleisch und ein supp, ein erbesmus und ein eingemacht fleisch oder ein pfeffer dafur, welches man haben mag; zu nacht ein fleisch, ein reismus und ein briessen. Item den donnerstag zu morgens ein fleisch, ein supp und ein kraut und ein gebratenes; zu nacht ein fleisch, ein linsenmus und ein briessen. Item den freitag zu morgen ein erbes-supp, stockfisch, ein essen grunfisch und ein hirschen (Hirsebrei); zu nacht ein erbes-brey, blatteisen, ein essen grunfisch und ein habermus. Item den sambstag zu morgen ein supp, ein stockfisch, ein erbesmus und ein essen hering oder ein essen grunfisch; zu nacht ein suppen, ein essen blatteisen, ein essen grunfisch und ein habermus."

Besser noch war es in der vorreformatorischen Zeit, welche identisch ist mit der vorcapitalistischen, mit der Volksnahrung bestellt. Janssen schreibt darüber:[1])

„Der landwirthschaftliche Aufschwung Deutschlands erzeugte in den meisten Gegenden einen bäuerlichen Wohlstand, von dem die spätere gedrückte Lage der Bauern grell absticht. ‚In Pommern und Rügen, schreibt Kantzow, sind die bauern reich. Sie trugen nur englisch und ander gut gewant, je so schön als ehemals der adel oder bürger gethan haben.' Die Altenburger Bauern waren so wohlhabend, daß sie Mützen von Bärenpelz trugen, Korallenketten mit angehefteten Goldstücken und seidene, damals sehr kostspielige Bänder. In Westphalen,

---

[1]) Geschichte des deutschen Volkes seit dem Ausgange des Mittelalters. Freiburg. Herder 1877.

läßt Werner Rolewink die Adeligen des Landes sagen, ‚bekommt ein Bauer schon mehr geliehen als zehn von uns zusammen, oder thut Capitalien aus, wie er will.' In welch günstigen Verhältnissen sich die Bauern in Mittel- und Oberdeutschland befanden, zeigen allein schon die Bauernhaufen, welche zu vielen Tausenden im Jahre 1476 zu dem neuen Volkspropheten, dem ‚Pauker von Niklashausen' strömten; sie hatten Geld in Menge und Kleinodien und kostbare Gewänder. An einem Tage, berichtet der Chronist Stolle, sollen an 70.000 in Niklashausen versammelt gewesen sein; die meisten Bauern, sagt er, brachten Wachskerzen (zum Opfern) mit, die manchmal so groß waren, daß drei bis vier Männer kaum eine derselben tragen konnten. Das Eisern des Paukers gegen den eitlen Kleiderschmuck, goldene Halsgeschmeide, seidene Gewänder und spitzige Schuhe läßt ebenfalls auf den Wohlstand der Bauern schließen. Von den elsässischen Bauern schreibt Wimpheling: ‚Durch Reichthum sind die Bauern in unserer Gegend und in manchen Theilen Deutschlands üppig und übermüthig geworden. Ich kenne Bauern, die bei der Hochzeit von Söhnen oder Töchtern, oder bei Kindstaufen so viel Aufwand machen, daß man dafür ein Haus und ein Ackergütchen nebst einem kleinem Weinberge kaufen könnte. Sie sind in ihrem Reichthum oft wahrhaft verschwenderisch in Nahrung und Kleidung und trinken kostbare Weine. Was man über Kirchweihen und Hochzeiten fränkischer Bauern erfährt, deutet ebenfalls auf materielle Wohlbehäbigkeit.' Ueber die Kärntner Bauern sagt Unrest in seiner österreichischen Chronik zum Jahre 1478, daß ‚niemand gewinn gehabt denn die Bauern. Das erkhen man bei dem, sie tragen nun besser kleider und trinken bessern wein, denn ire herren. Nicht umsonst wurde im Jahre 1497 auf dem Reichstage zu Lindau und dann auf mehreren folgenden Reichstagen die Verordnung erlassen, ‚daß der gemaine pawersmann und arbaitend leut in stetten oder auf dem land kain tuch anmachen oder tragen solle, des die ele über einen halben gulden kostet, auch sollen sie kainerlei gold, perlen, sammet, seiden, noch gestückelt claider tragen, noch ihren weibern noch kindern zu tragen gestatten.'

Der kostbaren Kleidung entsprach nicht selten eine ‚kostbare Küche‘. ‚Dieweil der bawer arbeitet,' heißt es im Buche von den Früchten, ‚so hat er auch ryhliche narung und isset vollauf fleisch aller art und visch, brot und obst und trinket wein offten in übermaß, das aber nit zu loben. Sunst mag wohl der bawerntisch als der gesundeste geschätzet werden.‘ ...

Taglöhner, Knechte und Mägde befanden sich beim Ausgange des Mittelalters verhältnißmäßig in gleich günstiger materieller Lage wie die Bauern selbst. Sie erhielten nach den fast aus allen deutschen Ländern vorliegenden Nachrichten einen im Vergleich zu anderen Zeiten so erstaunlich hohen Arbeitslohn, daß man behaupten darf: die zahlreiche Classe der landwirthschaftlichen Lohnarbeiter, die ohne eigenes Besitzthum von ihrer täglichen Arbeit leben muß, war niemals, weder früher noch später, materiell so günstig gestellt, als vom Ende des vierzehnten bis in das erste Jahrzehnt des sechszehnten Jahrhunderts.

Am Niederrhein im Clevischen konnte in den Jahren 1470 bis 1510 ein in Kost arbeitender Taglöhner durchschnittlich für sechs Arbeitstage sich anschaffen: ein Viertelscheffel Roggen, zehn Pfund Schweinefleisch oder zwölf Pfund Kalbfleisch, sechs große Kannen Milch, zwei Bündel Holz, und er behielt außerdem noch in vier bis fünf Wochen so viel Geld übrig als ein gemeiner Arbeitskittel, sechs Ellen Leinwand und ein Paar Schuhe kosteten. Aus Aachen ist aus dem Ende des vierzehnten Jahrhunderts bekannt, daß ein Taglöhner in fünf Tagen ein Schaf, in sieben einen Hammel, in acht ein Schwein, in einem Tage beinahe zwei Gänse verdiente. Zu Augsburg belief sich im fünfzehnten Jahrhundert der gemeine Taglohn in gewöhnlichen Preisjahren auf den Werth von fünf bis sechs Pfund des besten Fleisches; in wohlfeilen Jahren konnte sich der Taglöhner für seinen Lohn täglich ein Pfund Fleisch oder sieben Eier, ein Viertel Erbsen, eine Maß Wein und das nöthige Brod dazu verschaffen und erübrigte doch noch die Hälfte der Einnahme für Wohnung, Kleidung und sonstige Bedürfnisse. Aehnlich lauten die Mittheilungen aus Oesterreich. So wird beispielsweise im Rechnungsbuche des Probstes Jacob Pamperl von Klosterneuburg, der dem Stifte von 1485 bis 1509 vorstand, der Lohn für jeden Tagwerker auf täglich 14 Denare nebst Kost angesetzt, während ein Pfund Ochsenfleisch vorschriftsmäßig gemeinlich nur 2 Denare kosten sollte, der Preis für ‚ein gemains par mannschuh und ein gemains par frawenschuh' auf je 16 Denare, der Macherlohn für ein gewöhnliches Paar Hosen auf 10 Denare, für einen Bauernrock auf 24 Denare festgesetzt wurde. Für Taglöhner, die in Lohn und Kost zugleich arbeiteten, wurden in manchen Gegenden genaue ‚Ordnungen' erlassen, was und wie viel Jeder an Speise und Trank erhalten sollte. ‚Jedweder tagwerker, er arbeite auf dem selbe oder sunst,' heißt es im Jahre 1497 in einer Vorschrift des Mainzer Erzbischofs Berthold von Henneberg für seine Güter im Rheingan, ‚erhält morgends eyne suppe sampt brod, zum ymbs eyne starke suppe gut flaisch und gemüse und einem halben kransen (Krug) gemainen weyns; abends flaisch und brodt, oder eyne starke suppe und brodt.' Ebenso verordnete der Schenk Erasmus zu Erpach im Odenwald im Jahre 1483: ‚Alle taglöhner, die gedungen sint, sowie die fronleute sollen gemeynlich, als auch die knechte und megde, jeden tag erhalten zweymal fleisch und zukost und eine halbe kleine kranse weyns, ußgenommen die fasttage, da sollen sie fische haben oder sunst narhafte speisen. Auch soll man eynem jeden, der in der woche gearbeitet, den sunn- oder fyertags gutlich tun nach der meß und predig. Sie sollen haben brot und fleisch genugsam und eynen halben großen kransen weyns; an den hochziten (hohen Feiertagen) auch bratens genugsam. Auch sol man inen mitgeben nach haus einen großen leib brod und von fleisch so vil als zwey in eynen ymbs essen können.' Nach einer Hausordnung des bayerischen Grafen Joachim von Oettingen († 1520) erhielten die Taglöhner und Frohnbauern, sowie die Oekonomieknechte folgendes Essen: ‚Des morgens ain suppen oder gemues; ain millich den arbeitern, den andern ain suppen; des mittags; suppen und flaisch, ain kraut, ain pfeffer (mit Pfeffer stark bereitete Brühe) oder eingemacht flaisch, ain gemues oder millich: vier essen; des nachts: suppen und flaisch, ruben und flaisch ober eingemacht flaisch), ain gemues ober millich: drei essen.' Den Frauen, die Hähne, Hühner oder Eier brächten, sollte gegeben werden: ‚ain suppen, darzu zwey brot‘, wenn sie aber über eine halbe Meile weit herkämen, ‚noch ain essen zu der suppen und ain krausen mit weyn‘. Kräftiger noch muß die Nahrung der Dienst- und Werkleute in Sachsen gewesen sein, denn eine von den sächsischen Herzogen Ernst und Albert im Jahre 1482 erlassene Landesordnung bestimmt: die Werkleute und Mäher sollen zufrieden sein, wenn sie außer ihrem Lohne täglich zwei Mal, Mittags und Abends, vier Speisen erhielten: Suppe, zwei Fleischgerichte und ein Gemüse, an Fasttagen aber fünf Speisen: Suppe, zweierlei Fische und zwei Zugemüse: Fleisch war so allgemein die tägliche gewöhnliche Speise des gemeinen Mannes in ganz Deutschland, daß der ‚Seelenführer‘ es als ein Zeichen besonderer Armuth anführt: ‚es gibt arme, die gar oft eine woche lang und noch länger gar kein flaisch haben oder nur schlechtes‘. Die wirthschaftlichen Verhältnisse fingen schon an sich zu verschlimmern, als die bayerischen Kreisstände im Jahre 1533 beschlossen: ‚es sei ein Einsehen fürzunemen‘, daß der gemeine Mann täglich Fleisch esse, Zwischenmahlzeiten halte und in den Wirthshäusern Gesottenes und Gebratenes verzehre. ‚Aus Erforderung der Noth und des gemeinen Nutzens willen, solle Jeder wenigstens zwei bis drei Tage sich des Fleischessens enthalten; kein Wirth solle außer den ordentlichen Mahlzeiten Fleisch oder gekochte Speisen geben, sondern nur Käse, Brod und Obst. Die allgemeine Einschränkung des Fleischverbrauches seit der Mitte des sechzehnten Jahrhunderts war eines der wichtigsten Anzeichen der traurigen Umbildung der landwirthschaftlichen und gesellschaftlichen Zustände Deutschlands; sie erklärt sich für die arbeitende Classe allein schon aus der Thatsache, daß der Taglohn nur mehr halb so hoch war als zwischen 1450 bis 1500; das Fleisch, ehemals ein Nahrungsmittel der armen Leute, wurde mehr und mehr ein Luxusartikel der Reichen. Ebenso günstig wie der Taglöhner war während des fünfzehnten Jahrhunderts im Allgemeinen das Gesinde gestellt. Auf dem sächsischen

Schlosse Dohna zum Beispiel erhielten an Geld neben Wohnung und Kost: der Wagenknecht jährlich 9 fl., der Eseltreiber 7 fl. und 4 Groschen, die Viehmägde 3 fl. und 12 bis 18 Groschen und dies in einer Zeit, in der ein fetter Ochse 3 bis 4 fl. kostete. Im Amte Dresden belief sich neben Wohnung und Kost der Jahreslohn einer Köchin auf 7 fl. und 4 Groschen, der eines Küchenjungen auf 2 fl. und 10 Groschen, der eines Schweinehirten auf 4 fl.; letzterer verdiente also so viel, als der höchste Preis eines Ochsen ausmachte, oder als zwanzig Schafe kosteten. In Mosbach bezog im Jahre 1483 eine Viehmagd jährlich 13 fl. 36 kr., ein Oberknecht 23 fl. 27 kr. und außerdem 54 kr. für ein Kleidungsstück; am Bodensee erhielt ein Karrenknecht nebst Kost jährlich 19 fl. 31 kr., außerdem „schuch genug, vier eln ryftins tuchs und sechs ellen zwilichs". Die Kost war allenthalben dieselbe, wie die der Taglöhner, mit denen das Gesinde gewöhnlich gemeinsam aß. Wie gebräuchlich außer reichlichem Fleische auch der Wein war, ersieht man aus Notizen in Haushaltungsbüchern. So wird bei der Ermiethung eines Karrenbuben zu Weinheim im Jahre 1506 ausdrücklich bemerkt: ‚man sol im kein wein zu geben schuldig sein, denn was man von gutem willen gibt.' Ein andermal heißt es bei einer Magd, es sei ihr ‚kein wein versprochen zu geben'. In der Gesinde-Ordnung von Königsbruck wird vorgeschrieben, daß man einen Knecht, der beim Abendessen nicht zur rechten Zeit anwesend sei, Fleisch und Wein nicht mehr verabreichen dürfe. Nach einer Arbeiterordnung für Oppenheim und vier umliegende Dörfer sollte jedem Arbeiter im Sommer täglich ‚ein maß weins und nit mer gegeben werden', im Winter und Frühjahre sollte er sich täglich mit einem halben oder zwei Drittelmaß begnügen. Auch in Siegburg wurde das Weintrinken zu den nothwendigen Lebensbedürfnissen des gewöhnlichen Mannes gerechnet.

Hiemit vergleiche man die Lebenshaltung einer heutigen Handwerkerfamilie bevorzugter Stellung, wie wir ihr Budget im Schneider-Fachorgan zusammengestellt finden:

„A. Leibliche Bedürfnisse: Brod 2 fl.; Beköstigung für Vater, Mutter und vier Kinder im Alter von 4 bis 14 Jahren per Tag 60 kr., macht 4 fl. 20 kr.; Frühsuppe per Tag 6 kr., macht 42 kr.; Brennmaterial und Licht, im Jahresdurchschnitte per Woche 95 kr.; Wäschereinigung 30 kr.; Seife zum täglichen Gebrauche 3 kr. B. Häusliche Bedürfnisse: Strohsäcke für drei Betten, auf sechs Jahre berechnet, per Woche 3 kr.; Stroh alle Jahre hinein macht 3 kr.; Bürsten 3 kr.; Schuhwichse, Nadeln und Zwirn 2c. 5 kr.; Wohnungsreinigung 10 kr.; Nachkaufen von Hausgeräthschaften 10 kr.; diverse Ausgaben für Küchenreinigung 10 kr. C. Bekleidung: Der Mann einen auf zwanzig Jahre berechneten Winterrock und einen auf zwanzig Jahre berechneten Sommerrock macht per Woche $4\frac{1}{2}$ kr.; alle Jahre eine Oberhose 3 kr.; alle Jahre eine Weste 1 kr.; zwei Knaben, jeder einen Rock auf zwei Jahre zu 1 fl. 50 kr., macht 6 kr.; detto jeder eine Hose 6 kr.; das Weib alle vier Jahre ein Kleid 6 kr.; das Weib alle zwei Jahre einen Unterrock 3 kr.; zwei Mädchen alle Jahre ein Kleid à 3 fl. macht 12 kr.; jedes Mädchen einen Unterrock 4 kr.; Strümpfe, Fußlappen 2c. 5 kr.; Leibwäsche für die ganze Familie macht durchschnittlich 30 kr.; Schuhwerk, inclusive Reparatur $54\frac{1}{2}$ kr.; Kopfbedeckung für die ganze Familie $4\frac{1}{2}$ kr.; Schürzen für Frau und Töchter 1 kr.; Sacktücher für die ganze Familie 2 kr.; Werktagskleider für Mutter und Töchter 10 kr.; detto für Vater und Söhne 10 kr.; und D. Diverse Ausgaben: Schulrequisiten, Tinte, Federn und Papier 18 kr.; Einzahlung in die Krankencasse 20 kr.; Haarschneiden für die männlichen Familienglieder 8 kr.; Wohnungsmiethe 1 fl. 75 k. E. Außerordentliche Ausgaben: An Sonn- und Feiertagen mehr Fleisch 20 kr.; Bier 70 kr.; Tabak 20 kr.; geistige Lecture 10 kr.; macht in Summe per Woche 13 fl. $35\frac{1}{2}$ kr."

Wie viele Arbeiterfamilien aber gibt es unter uns, die nicht einmal diese kärgliche Existenz haben, sondern die monatlich nicht mehr einnehmen wie obige Summe!

Vergleichen wir mit dieser Opulenz der Lebenshaltung die heutige Ernährung aller unserer physisch oder geistig arbeitenden Classen, so glauben wir kaum, daß es zu einer „Eruption fürchterlichster Art" führen würde, wenn es gelänge, das jetzige Elend mit der mittelalterlichen Ueppigkeit zu vertauschen, besonders deshalb nicht, weil letztere mit sozialer Organisation, aber großer persönlicher Freiheit verbunden war.

Wie heute die Verhältnisse der Ernährung unter dem Bauernstande stehen, haben wir im 2. Kapitel genügend angedeutet. Der Kapitalismus löst den Bauer von seiner Scholle und schmiedet ihn in seine Ketten. Wir wiederholen hier, hoffentlich ganz überflüssig, daß wir es durchaus nicht als unsere Aufgabe betrachten, das System des Monopolismus zu vertreten, noch viel weniger es etwa für die Zukunft neuerdings als Panacee anzuempfehlen. Das Geschehene kehrt niemals wieder, die Zeiten, Menschen und ihre Bedürfnisse sind andere geworden. Ideen, welche eine Vergangenheit haben, haben keine Zukunft, als höchstens indirekt: daß man an ihnen lernt und sich neue, passende Ideen aus ihnen gestaltet.

Wir gehen zum Liberalismus über, jenem Systeme, das mit unwiderstehlicher Gewalt, einmal losgelassen, das ganze politische und soziale Leben umgestaltet, eigentlich niedergerissen hat.

Auf der Fahne des Liberalismus stand zur Zeit, da er in die Welt trat, das Wort Freiheit geschrieben. Wir wollen gar nicht daran zweifeln, daß jene Männer, welche diese Fahne entrollten, es damit ehrlich meinten, eben so wenig verhehlen, wie diese Proklamierung fascinierend wirken mußte bei den Zuständen, welche der erstarrte und verholzte Monopolismus geschaffen hatte. „Die während Jahrhunderten getragenen Fesseln des Monopolismus, sagt Marlo, waren den niedergebeugten Völkern so drückend geworden, daß sie dieselben um jeden Preis zu zerbrechen versuchten; der Abscheu gegen die alten Zwangsmaßregeln war so weit gestiegen, die Last der alten Ordnung so unerträglich geworden, daß der an dem großen Werke der Befreiung arbeitende menschliche Geist über das Niederreißen der Schranken, die früher zur Unterdrückung der Persönlichkeit bestanden, das Bedürfniß nach solchen verkannte, welche zum Schutze derselben erforderlich sind."

Es dürfte sich gegen die Wahrheit dieser Worte sicher nichts, wenigstens mit Grund einwenden lassen. Daß es den Menschen, wenn es erlaubt ist, ein biblisches Bild zu gebrauchen, nach der Uebertretung, resp. Niederreißung der Schranken, ähnlich erging, als unseren ersten Eltern im Paradiese, welche auch einen schlechten Herrn gegen einen guten eintauschten, hinterher erst einsehend, wie Entsagung die bessere Politik gewesen wäre, wird im Verlaufe der Abhandlung so klar werden, daß man das Nichtzutreffende des Vergleiches gerne in den Kauf nehmen wird.

Wie die Moral lehrt, besteht der höchste Grad der Freiheit darin, das Böse nicht thun zu können. Es ist das jene sittliche Freiheit, welche nur auf Gott und die im Guten erprobten Heiligen Anwendung findet. Die gewöhnliche menschliche Freiheit schließt auch die Möglichkeit der Wahl des sittlich Bösen ein.

Außer der sittlichen Freiheit, welche ihre Schranken am Naturgesetze, dem göttlichen und menschlichen Gesetze, findet — letzteres kommt soweit in Betracht, als es Ableitung, oder Anwendung der beiden ersten Gattungen Gesetze ist — spricht man auch von persönlicher, bürgerlicher, politischer Freiheit. Keine von diesen ist und kann unbeschränkt sein. Eine Schranke bildet das Recht des Nebenmenschen, eine andere der Schutz des eigenen Rechtes. Die Freiheit eines Jeden muß soweit beschränkt sein, daß **Allen** das möglichst größte Maß von Freiheit zu Theil werden könne.

Dieser Satz steht zwar auch im Programme des liberalen Systemes, aber es entspricht ihm kein Inhalt, keine Ausführung in der Praxis. Wir wollen die Freiheit, aber mit ihr die Ordnung, sagen die heutigen Liberalen. Unter Ordnung verstehen sie jedoch, daß sie als die Stärkeren alle Vortheile genießen könnten, ohne daß den Schwächeren etwa durch Gesetz oder Gewalt Hilfe werden dürfe.

Der Liberalismus proklamierte einst den Satz von absoluter Freiheit. Auf religiösem Gebiete kam er trotzdem zum Atheismus, zur Kirchenverfolgung in weiterer Linie und zeigte so den Pferdehuf. Für Gott und Christus einzustehen erlaubt die schrankenlose liberale Freiheit bekanntlich bis heute nicht. Im Namen der Freiheit des Gewissens kulturkämpft man seelenruhig fort und — schämt sich nicht einmal des Widerspruches.

Im Namen der politischen Freiheit stürzte man Regime, köpfte Fürsten und setzte sich selbst fest, eine Gesetzgebungsfabrik etablierend, wie sie selbst zur Zeit des Absolutismus nicht mit so vielen Pferdekräften gearbeitet hatte.

Im Namen der wirthschaftlichen Freiheit proklamierte man Erwerbsfreiheit, zerstörte alle Organisationen, warf alle Individuen atomisiert in die Meereswogen des Lebenskampfes, zu einer Zeit, da die neu erfundenen Maschinen, die Fortschritte in den Entdeckungen, so eben die größten Umwälzungen angebahnt hatten. Und das arglose Volk, die industriellen Arbeiter insbesondere, obwohl gerade jetzt jeder Geschäftsbetrieb sozietärer Vereinigungen bedurft hätte, ließen sich atomisieren und liefen Alle, Alle dem gefräßigen Hai der Plutokratie in den geöffneten Rachen.

Diese Folge des liberalen Systemes ist jene, bei der es angegriffen werden kann und muß, an der es zu Grunde gehen, verbluten wird: denn die Masse, die Millionen Beraubter, Enterbter schreien um Wandel. Gewiß ist die Remedur hier dringend nothwendig, aber wir hoffen von ihr trotzdem nicht endgiltige Hilfe, wenn nicht auch die sittliche, religiöse und bürgerliche Freiheit durch Anerkennung der von Gott gesetzten Grenzen auf Schrankenlosigkeit verzichten.

Indessen ist es heute nicht unsere Aufgabe, von dieser Sache zu sprechen: Wir reden vom wirthschaftlichen Liberalismus, und was die Noth des Volkes, was die Moral dazu sagt.

Volle uneingeschränkte Freiheit im Erwerbe wurde also publiziert. Zunächst galt dieß von der gewerblichen, der industriellen Bevölkerung. Der ländlichen wurde die entsprechende Freiheit mit ihrem Grund und Boden nach Belieben umzugehen, ihn zu mobilisieren, wie man das heißt, erst gegeben, da sie die nach der Grundablösung schuldigen Lasten größtentheils abgezahlt hatte, also der Plutokratie einen reichen Fischfang versprach.

Reden wir von der industriellen Gewerbefreiheit. Nahezu zugleich mit der politischen Revolution in Frankreich — in England etwas früher, in Deutschland und dem Osten etwas später — begann die soziale Revolution. Die Wissenschaft hatte eben viele wichtige Entdeckungen gemacht und begonnen dieselben der Industrie dienstbar zu machen. Der geistige Einfluß erwies sich zur Hebung derselben sehr förderlich, und gar bald kam man bei jenem Systeme an, das man heute Theilung der Arbeit nennt. Eine verständnißvolle Leitung konnte viele Arbeiter beschäftigen, Großes durch sie erzielen, wenn sie auch nicht besonders geschickt und unterrichtet waren, sobald nur jeder von ihnen einen bestimmten Handgriff erlernt hatte. Das mußte um so mehr Anwendung haben, als man Maschinen aufgestellt hatte, welche den härtesten schwierigsten Theil der Arbeit verrichteten, ohne daß der bedienende Mensch mehr zu verstehen nothwendig hatte als ein mechanischer Zureicher. Auf diese Weise wurden alle der Zunftzeit angehörenden Verhältnisse gänzlich und kürzestens umgestaltet.

Bei Bildung neuer Geschäfte wurde die herkömmliche Anzahl der Gehilfen vermehrt und man fand dabei seinen Vortheil. Man vergrößerte von da an immer mehr den Geschäftsbetrieb unter einheitlicher Leitung und fand sich reich entlohnt. Man stellte leistungsfähigere Maschinen her und nun erst erlebte man förmliche Wunder des Großbetriebes.[1])

Es war eine Kurzsichtigkeit, aber bei der Neuheit der Sache, dem Mangel jeder Erfahrung erklärlich, ohne Bedenken an eine Unbegrenztheit der Vortheile des Großbetriebes zu glauben. Wer immer konnte vergrößerte sein Geschäft und produzierte darauf los. Natürlich, je mehr er produzierte, je mehr die Maschinen leisten konnten, je größer also dieselben waren, desto billiger konnte er die Einzelnprodukte auf den Markt werfen.

Die Concurrenz begann, sie wuchs riesengroß. Der Liberalismus hatte alle Schranken weggeräumt, gleiche Freiheit

---

[1]) Marlo a. a. O. S. 53.

jedermann zuerkennend, hoffend und damals sicher auch glaubend, daß die wechselseitige Concurrenz günstig für Produzenten wie Consumenten wirken werde. Sie wirkte, wie wir wiederholt schon gesagt haben, auch in der ersten Zeit günstig: denn der Markt verlangte und vertrug gerade damals gesteigerte Produktion. Allein zu gleicher Zeit begann die soziale Declassierung. Wer Geld oder Credit hatte, die Maschinen aufzustellen, wer mehr Arbeiter zu beschäftigen wußte, der mußte offenbar den Mitconcurrenten den Vorrang ablaufen. Es kam nun die Macht des Capitales zur Geltung, bald zu einer so ausschließlichen, daß weder Körper- noch Geisteskraft mit ihm concurrieren konnte. Wenn ein Gehilfe oder Meister noch so geschickt sein mochte, was half es ihm ohne Capital? Nur Großbetrieb beherrschte den Markt. Es blieb den kapitalarmen Arbeitern nichts übrig, als auf die Selbständigkeit zu verzichten und sich unter die Herrschaft der Capitalisten zu begeben. Der Fabriksbetrieb florierte; das geistige Vermögen der Arbeiter erlahmte, denn man verlangte von ihnen nur Handgriffe, welche in dem monotonen Einerlei der steten Wiederholung geisttödtend wirken, die jungen Arbeiter, stumpfsinnig machen mußten. Die Capitalisten hatten den Vortheil, daß ein Arbeiter, der nur einen Handgriff kannte, einen kleinen Zweig der Maschinenbedienung als seinen Beruf erlernt hatte, an sie und ihre Fabriken gefesselt blieb, um so mehr, als die kürzeste Abrichtungszeit im Stande war, Stellvertreter zu liefern, falls irgendwelche Arbeiter vielleicht sich mit dem Lohne nicht zufrieden geben wollten.

  Nun begann die Lohnfrage. Seit die Sache über die Person, das Capital über den Menschen herrschte, schied sich die industrielle Bevölkerung in Unternehmer und Arbeiter. Ihr Verhältniß zu einander war das des Angebotes und der Nachfrage. Der Unternehmer schloß mit den Arbeitern Entlohnungscontracte. Sie bekamen stipulierte Löhne, höhere oder niedere, nicht den Wert ihrer Arbeit an sich. Den Hauptgewinn behielt sich der Unternehmer, wenn er zugleich der Capitalist war, oder gab ihn jenen ab, welche das Capital vorgeschossen hatten, in jedem Falle vergrößerte sich), wuchs das Capital und seine Macht und entschwand die Aussicht des Arbeiters, je einmal den Abgrund vom Arbeiter zum Unternehmer zu überschreiten.

Aber auch unter den Unternehmern mußte die Zahl der Selbständigen immer geringer werden, der Größere fraß den Kleinen. Die Vermögensverhältnisse änderten sich fundamental. Das Capital einmal als ausschlaggebend anerkannt, herrschte von nun an mit eiserner Gewalt, und strömte mit der Stetigkeit des Wassers aus allen kleinen Bächen und Quellen den größten Strömen, schließlich dem Meere, einer Hand nemlich zu.

Der freie Erwerb, die allgemeine Concurrenz wird Alles gut machen, hatte der Liberalismus erklärt. Bei dem Beginne der industriellen Revolution verbreitete sich, und das führte die Massen irre, ein verhältnißmäßig allgemeines Wohlbefinden. Der Großbetrieb brauchte Arbeiter, die Unternehmer suchten sich gegenseitig zu überflügeln. Weil das Hauptgewicht auf dem möglichst großen Betriebe ruhte, so zahlten sie hohe Löhne, und die Declassierten vergaßen darüber, daß sie ihre Selbständigkeit eingebüßt hatten. Es war starke Nachfrage um arbeitende Hände und darum stieg der Lohn.

Eine andere Controle, ein anderes Prinzip wollte der Liberalismus nicht anerkennen, als das von Angebot und Nachfrage. Aus demselben kam mit der Zeit die härteste Gottesgeißel für die arbeitende Welt. Nur zu bald erwies sich die Meinung von der Schrankenlosigkeit des Großbetriebes als Fabel. Das betraf selbst England, obgleich dessen Staatsmänner nahezu die halbe Welt als Absatzgebiet für dieses Reiches Industrie erobert hatten. Der Betrieb mußte zu Zeiten eingeschränkt werden, also viele Hände unbeschäftigt bleiben. Diejenigen Arbeiter, welche keine Ersparnisse hatten, um über die Epochen der Nichtbeschäftigung hinwegzukommen, mußten übel oder wohl ihre Arbeitskraft zu minderen Löhnen anbieten. Das Kapital nahm sehr begierig das Anerbieten an. Die Löhne sanken allgemein, so weit schließlich, bis sie jene Tiefe erreicht hatten, auf welcher ein Arbeiter eben noch leben konnte, wobei selbstverständlich schließlich immer die anspruchsloseste Race den Maßstab abgab.

Der Arbeiter hat seither das Prinzip der Freiheit, aber auch weiter gar nichts. Theoretisch klingt es ganz schön und angenehm, wenn es heißt, daß jeder Mensch das Recht habe über sich, seine Körper= und Geisteskräfte zu verfügen, zu arbeiten oder nicht zu arbeiten, für diesen oder jenen Lohn zu arbeiten, aber es sind nur Phrasen, die an dem sehr einfachen Hindernisse zerschellen, daß der Arbeiter essen muß. Das physische Bedürfniß diktiert das Angebot der Arbeitskräfte und selbstverständlich nützt es der Capitalismus als herzloses System aus, dann insbesondere, wenn seine Vertreter dem Mammonismus ergeben, keine Ethik, keine Gerechtigkeit, keinen Gott kennen. Nur wenn gerade viele Arbeitskräfte gebraucht werden und nicht vorhanden sind, dann steigt der Lohn, dann ist es sogar möglich, daß die Unternehmer, nicht bloß den Lohn der Arbeit, sondern den ganzen Wert derselben, vielleicht sogar momentan darüber zahlen müssen, eine Eventualität, die indessen nur ausnahmsweise eintreten wird, wenn vielleicht ein Concurrent niederzuconcurrieren ist oder aus ähnlichem Grunde.

Bei der Lohnfrage macht sich besonders das sogenannte Bevölkerungsgesetz bemerkbar. Man hat dasselbe eine Zeit lang übersehen, kann es heute nicht mehr. Wir wollen nicht darüber rechten, ob es wahr sei, daß die Bevölkerung unter normalen Verhältnißen in geometrischer, die Produkte der Landwirthschaft, also die Unterhaltsmittel, nur in arithmetischer Progression wachsen. In dieser Form drückt man nemlich dieses Bevölkerungsgesetz aus. Nach demselben findet man es als selbstverständlich, daß ein großer Theil des Menschen=Nachwuchses in Folge mangelhafter Nahrung verkümmern müsse, damit dadurch ein natürliches und richtiges Verhältniß zwischen Lebensmitteln und Bevölkerung entstehe. Jedenfalls ist so viel sicher, daß das Anwachsen der Bevölkerung einfach nicht fragt um entsprechende Vermehrung der Unterhaltsmittel. Insbesondere bei der industriellen Bevölkerung trifft dieses zu. Wenn die Löhne steigen, mehren sich die Hochzeiten; die Arbeiter nähren sich und ihre Familie besser, das Sterblichkeitsverhältniß der Kinder wird ein besseres und die Folge ist, daß, wenn nicht durch industrielle Ueberproduktion oder sonstige Kalamitäten schon früher die Löhne sanken, dieß sicher durch die inzwischen angewachsene Zahl der Arbeiter, also gegenseitiges Unterbieten eintrifft. Dauernd hält sich, das ist ein Satz, den fast alle Nationalökonomen einstimmig als nicht bestreitbares Dogma anerkennen[1]), der Lohn nie über die absolute Lebensnothdurft, sinkt zeitweise vielmehr darunter hinab. Da beginnt dann das Elend und räumt auf, bis die Ueberproduktion an Arbeitern erschöpft ist und nun das Begehren nach Händen das Anbot überwiegt, worauf wieder Steigerung des Lohnes und damit der circulus vitiosus von vorne beginnt. Wir sprechen später nochmal über diesen Punkt.

Ueberdieß ist nicht zu läugnen, daß die Unternehmer in ihrem Tanze um das goldene Kalb, von der auri sacra fames erfaßt, auch vielfach die ausgiebigsten Mittel anwenden, die Löhne herabzusetzen. Sie haben ja starke Concurrenz. Durch mindere Gewinnansprüche ihre Produkte billiger zu machen läßt die Habsucht oft nicht zu, also spart man an den Löhnen, drückt sie immer weiter herab, denn der Arbeiter kann sich nicht wehren. Die Freiheit ist für ihn eine blutige Ironie. Doch darf anderseits auch nicht verkannt werden, daß manchmal selbst gut denkende Unternehmer zu demselben Vorgehen gezwungen sind. Nicht sie, die Spekulation beherrscht den Markt. Schon Lassalle sagte gegen Schulze: „Das ökonomische Gebiet unterscheidet sich von dem juristischen durch den ganz kleinen Unterschied, daß, während auf dem Rechtsgebiete jeder verantwortlich ist für das, was er gethan hat, auf ökonomischen Gebiete umgekehrt heutzutage jeder verantwortlich ist für das, was er nicht gethan hat. . . . Ist die Baumwollenernte im Süden mißrathen, oder stockt die Zufuhr aus einem anderen Grunde, so kommen in England, Frankreich, Deutschland die Arbeiter in Massen außer Brod und Thätigkeit. Wenn eine industrielle oder Geldkrisis

---

[1]) Praktisch gibt das auch Roscher, Grundlagen der Nationalökonomie, Stuttgart 1873. S. 355 zu.

herrscht, resp. Ueberfüllung des Marktes mit fremder Waare, indem Viele, die von einander nichts wissen, dasselbe gethan und übermäßige Quantitäten dorthin gesandt haben, so werden auf den amerikanischen Auctionen den europäischen Exporteurs ihre Consignationen noch weit unter dem Einkaufspreis losgeschlagen und die Seiden- und Sammtfabriken in Crefeld, Lyon ꝛc. gerathen jetzt in Folge mangelnder Bestellung außer Thätigkeit. Neuentdeckte, ergiebige Silber- oder Goldminen in fremden Welttheilen verändern durch den sinkenden Wert der edlen Metalle alle Contracte, machen alle europäischen Gläubiger ärmer, und alle Schuldner reicher, während gesteigerte fortdauernde Silbernachfrage in China und Japan umgekehrte Wirkung haben kann. . . . Jede neue mechanische Erfindung, welche die Produktion einer Waare billiger stellt, entwertet Massen fertiger Waarenvorräthe derselben Art mehr oder weniger oder gänzlich und bricht Reihen von Unternehmern oder Händlern die Existenz. Ja keine neue Eisenbahn kann angelegt werden, ohne Grundstücke, Häuser und Geschäfte an diesem Orte, und an dem Thore des Ortes wo sie angelegt wird, auf das So- undsovielfache ihres Preises zu steigern und an einem anderen Orte, an einem anderen Thore, zu entwerthen.

Der Grund ist ein sehr einfacher. In rechtlicher Hinsicht ist jede einzelne Handlung das Produkt der individuellen Willensfreiheit. Aber während auf dem Rechtsgebiete, in welchem nur die Verpflichtung (das Gesetz) das Gemeinsame ist, die Handlung nur das Produkt der Willensfreiheit des Einzelnen ist, ist das ökonomische Gebiet das Gebiet der gesellschaftlichen Zusammenhänge, also das Gebiet der Solidarität oder Gemeinsamkeit.

Die Solidarität läßt sich verkennen, aber sie läßt sich nicht aufheben. Wenn also gesellschaftliche Einrichtungen existieren, welche diese Solidarität nicht anerkennen und regeln, so existiert diese Solidarität nichts desto weniger fort, aber sie kommt nun als eine ihre Verkennung rächende rohe Naturmacht, als ein Schicksal zum Vorschein, welches Ball spielt mit der vermeintlichen Freiheit des auf sich angewiesenen Einzelnen.

… Der Zufall spielt Ball und die Menschen sind es, die in diesem Spiele als Bälle dienen. Wo der Zufall herrscht ist die Freiheit des Einzelnen aufgehoben".[1])

Gegen die Nichtunternehmer spricht jedoch, wie schon gesagt nicht bloß der Zufall, gegen sie spricht im Grunde Alles. Die Unternehmer spielen Hazard, Lotterie, wenigstens mit der Möglichkeit, daß ein Gewinn resultiere, für die Arbeiter gibt es nur Nieten. Und da hält der gesammte Liberalismus an dem Lohngesetze nach Angebot und Nachfrage fest. Gut, wir begreifen es, er kann im Grunde nicht anders, es ist sein System, sein Fundament, aber wenigstens sollte er es nicht wagen, ferner von Freiheit zu sprechen. Es gibt keine Freiheit, wo auf der einen Seite der Hunger, auf der anderen das Kapital als Bundesgenosse steht.

Die Kathedersozialisten, so schwer es sie, oder viele von ihnen ankommt, sich vom Liberalismus loszumachen, sehen das Unnatürliche dieses Arbeitsvertrages recht gut ein. Dr. Gustav Schmoller[2]) sagt, daß der freie gewillkürte Vertrag nicht überall heute ausreiche, daß wir wieder Rechtsinstitute brauchen, wo wir bisher Verträge hatten. Er setzt wohl hinzu, daß diese Institute nur Erziehungsmittel seien, welche einst entbehrlich werden würden. Die Bedingungen, welche er für diese Eventualität voraussetzt, sind leider derart, daß so lange der wirthschaftliche Liberalismus herrscht, sie nicht zu erwarten sind. „Es ist, sagt Schmoller, wünschenswerth, daß der, welcher zu gehorchen hat, nicht ganz vermögenslos, nicht ohne jede Aussicht sei, irgendwo anders unterzukommen. Der Arbeiter muß selbst bewußt an der Feststellung des Vertrags theilnehmen … kurz der Arbeitsvertrag als Grundlage dauernder Verhältnisse setzt eine höhere sittliche und intellektuelle Bildung und eine bessere wirthschaftliche Lage der arbeitenden Klasse voraus, als sie jetzt ist." Unter dem Striche fügt der Autor, der sich anscheinend

---

[1]) Siehe bei Schäffle: Das gesellschaftl. System. Tübingen 1873. S. 183 ff.

[2]) Zeitschrift für die gesammte Staatswissenschaft. Tübingen 1874. S. 455.

vor der Achterklärung von Seite des Liberalismus fürchtet, hinzu, daß das gegenwärtige Lohngesetz noch auf Jahrzehnte werde bestehen müssen.

Was er nach dieser Zeit erwartet, woher er seine mit Recht als nothwendig angenommenen Bedingungen dann beziehen will, sagt er nicht, und das ist Schade. Wir sind nicht so naiv, von der Zeit allein etwas zu erwarten, oder gar von der sittlichen und intellektuellen Bildung, so hoch wir sie schätzen. Es ist hier eine Machtfrage. Und das Kapital wird nicht weichen, soweit es nicht muß. Das begreifen die Arbeiter und darum appellieren sie an die gewaltige Macht der Gesellschaft, des Staates. Da jedoch der Staat momentan mit dem Liberalismus identisch ist, so finden sie kein Gehör. Die Folge ist bekannt. Das starre Festhalten an dem Liberalismus ist das untrüglichste Mittel zur Verbreitung des Communismus, vielleicht Anarchismus. Leider scheint es, daß unsere Liberalen das erst einsehen werden, wenn sie der communistischen Revolution zum Opfer fallen werden.

Doch um nicht ungerecht zu sein, müssen wir sagen und zugestehen, daß die Liberalen sich bereits gespalten haben, daß sie in mehrere Abstufungen auseinandergehen. Marlo spricht von zwei solchen Stufen, den Ganz- und Halbliberalen[1], Graf Knefstein[2] der die Parteien bis auf ihren Ursprung verfolgt und auch den religiösen Liberalismus in Diskussion zieht, spricht von einer liberal-katholischen, altliberalen, liberalen und Fortschritts-Partei. Die Eintheilung und Subeintheilung ist natürlich Sache der Willkür, je nachdem man diese oder jene Seite hervorkehrt und zum Ausgangspunkte für die Eintheilungsgründe nimmt. Da wir auf die religiöse wie politische Ordnung des Liberalismus nicht weiter eingehen, sondern strikte die soziale betrachten wollen, auf welche wir zum Schluße allerdings die Principien der christlichen Ethik applicieren werden, so genügt uns hier die Constatierung der Thatsache

---

[1] A. a. O. S. 290.
[2] Grundsätze der bedeutendsten politischen Parteien. Graz 1880.

verschiedener Schattirungen innerhalb des Systems. Die Schattirungen nehmen zu, je mehr die Völker unzufrieden werden.

Im liberalen Lager lebt man bereits von Täuschungen und Transaktionen: von Täuschungen, indem man die religiöse und politische Ordnung in den Vordergrund stellen will und laut von gefährdeter persönlicher Freiheit spricht, von Transaktionen, indem man vom Systeme der vollen wirthschaftlichen oder Erwerbsfreiheit Stück um Stück abbröckeln läßt, ja selbst in den brauenden und brodelnden Hexenkessel der sozialen Bewegung hineinwirft, die Geister zu beschwören. Die Geister kommen nicht zur Ruhe. Die Achillesferse des Liberalismus ist bekannt, es ist die soziale Seite und von allen Enden ertönt trotz aller Transaktionen der Ruf: Fort mußt du! Deine Uhr ist abgelaufen.

Als der Liberalismus in's Leben trat, da bemächtigte er sich des Staates, nannte ihn Rechtsstaat, d. h. Quelle des Rechtes. Er machte tabula rasa mit Allem was bisher hochgehalten war, selbst der Religion. Das historische Recht verschwand, das Naturrecht wie göttliche Recht wurde nicht mehr genannt. Was er, der Liberalismus, das ist seine Deputirten sagten, das war Recht, mußte es sein. Darum Rechtsstaat. Auf sozialem Gebiete führte er den Wirrwarr, das Nichts ein: Es gibt keine soziale Thätigkeit der Gesellschaft. Die Menschen sind Atome, keines darf beschränkt, behindert werden. Jeder man erwirbt wie er kann. Dadurch entsteht eine den persönlichen Verdiensten entsprechende Austheilung der Güter. Der Tüchtigere bekommt mehr, der minder Tüchtige weniger und so fort. Und wer nichts erwerben kann, für den ist kein Gedeck auf der Tafel des Lebens serviert, der unterliegt, verschwindet vom Schauplatze.

Daß dieses einfache System dem Kampfe ums Dasein in der Thierwelt ähnelt wie ein Ei dem andern, braucht kaum angedeutet zu werden, daß der Materialismus, Darwinismus ꝛc. unter dessen Anhängern naturgemäß Adepten fand, ist ebenfalls selbstverständlich. Es wirkte auch ebenso verheerend als der Löwe unter den wehrlosen Thieren. Die wirthschaftlich

Schwachen gingen zu Grunde, oder litten Noth und leiden ohne Hoffnung, ohne Möglichkeit, bei größter Tüchtigkeit ohne Kapital sich empor zu raffen. Die Folgen haben wir angeführt: grollende Massen, die selbst durch Hunderttausende von Bajonetten und Tausende von Kerkern nicht auf die Dauer niederzuhalten sein werden.

Nun kamen und kommen die halben Maßregeln. Die Halbliberalen trennen sich von der Partei und begeben sich auf den Weg der Vermittlung, des Ausgleiches. Aber mit dem Herzen stehen sie Alle, die sich Fortschrittler nennen, bei der Plutokratie, gehorchen dem Zwange mehr als dem eigenen Triebe.

Dem Rechtsstaate wurde eine neue Aufgabe zuerkannt: Bildung und Wohlfahrt zu verbreiten. Zwar sollte derselbe noch das starre Recht festhalten, d. h. die rein liberale Ordnung, aber zugleich auch das materielle und immaterielle Wohl. Darin liegt entweder eine Tautologie oder ein Widerspruch, wie schon Marlo mit Recht bemerkte. Denn ein wirkliches Recht kann dem allgemeinen Wohle nicht widersprechen und umgekehrt. Indessen kümmert das die Männer dieser Richtung nicht, sie, die überhaupt von Widersprüchen leben, bald den Monopolismus in anderer Form wiederherstellen wollen, bald dem Panpolismus huldigend Abhilfe gegen die äußersten Konsequenzen des reinen Liberalismus suchen.

Ihre Stärke liegt auf politischem Gebiete. Und da sind sie die Vertreter des sogenannten Schablonen-Konstitutionalismus, den sie stets noch mehr zu schablonisieren bemüht sind, selbst wenn sie Demokraten zu sein vorgeben. Da gibt es Wahlkörper, Interessengruppen, welche wählen; die Gewählten jedoch sind verpflichtet sich als Vertreter der Gesammtheit zu betrachten und nicht Sonderinteressen zu vertreten. Da spielt man sich auf den Liberalen hinaus, den Volksmann, aber hütet sich wohlweislich, dem Volke das gleiche Wahlrecht einzuräumen, denn oberstes Prinzip bleibt doch: das starre Recht zu schützen, d. h. den Liberalismus, die Klassenherrschaft, die Plutokratie.

Auf sozialem Gebiete wird dem Staate die Pflege der Künste und Wissenschaften zugeschrieben, ein erweitertes Polizeigebiet eröffnet, selbst auch industrielle Thätigkeit, Bergbau und Forstbau zu seinen Agenden gemacht. Es fehlt, wie wir das im Wiener-Reichsrathe im letzten Jahre erlebt, selbst nicht an Männern, welche die Armenpflege, Waisenversorgung ꝛc. dem Racker Staat auferlegen, ja welche selbst dem Schutzzolle geneigt sind, wenn sie an einem oder dem anderen Zweige der Wirthschaft ein besonderes Interesse haben. Dafür aber bestehen sie auf der Gewerbefreiheit im Privatbetriebe, verabscheuen jeden Befähigungsnachweis als hinderlich in der freien Entfaltung der Gewerbe, die Fabrikgesetzgebung sammt deren Inspektoren, Regelung des Lohnes, der Arbeitszeit, werden nahezu tobsüchtig, wenn von Wiedereinführung der Sonntagsruhe für das arbeitende Volk die Rede ist. Kurz, wir glauben selbst diesen sogenannten Gemäßigten nicht unrecht zu thun, wenn wir sagen, daß sie ihre Grundsätze nach ihrem eigenen Bedürfnisse einrichten.

Was nützt uns, was schadet uns! Wir sind das Volk. Der Staat soll eintreten, wenn es gilt, von uns Uebles, Lästiges abzuwehren, abzunehmen, aber er soll sich in unsere Geschäfte nicht hindernd einmengen. Es ist ein Naturgesetz, daß der Stärkere herrsche und den Schwächeren ausbeute. Wir bauen nur auf diesem Gesetze. Jedermann kann streben, der Stärkere zu werden. Daß wir es sind, und daß die Anderen von dieser Freiheit keinen Gebrauch machen können, ist ihre Schuld. Auf unserer Fahne steht Freiheit und Freiheit über Alles.

In dieser Art könnte, ja müßte der gemäßigte Liberale sprechen, wenn er aufrichtig sein wollte. Daß er überzeugt ist, dieses System sei gut, scheint wenigstens, denn er denkt nur an sich. Und wer ist liberal? Die Bourgeoisie, die Plutokratie, die allen Reichthum und alle Macht und alle Rechte hat.

„Obgleich, schreibt Marlo, die Liberalen ihre Grundsätze noch in keinem Lande vollkommen durchgeführt haben, so sind die bereits gemachten Versuche doch mehr als zureichend, die

Erfolglosigkeit ihrer Bestrebungen zu erweisen. Sie wollten die Arbeit frei machen und haben sie unter das Joch des Kapitals gebeugt; sie wollten die Entfesselung aller Kräfte, und haben sie in die Fesseln des Elends geschlagen; sie wollten den hörigen Arbeiter von der Scholle entbinden und beraubten ihn durch Landaufkauf des Bodens auf dem er stand; sie wollten den Wohlstand der Gesellschaft und schufen nur Mangel und Ueberfluß; sie wollten das Verdienst zur Ehre bringen, und haben es zum Sklaven des Besitzes gemacht; sie wollten Vernichtung sämmtlicher Monopole, und haben sie alle durch das Riesenmonopol des Kapitals ersetzt; sie wollten die Aufhebung der Völkerkriege und haben den Bürgerkrieg entzündet; sie wollten sich des Staates entschlagen und haben seine Lasten vervielfacht; sie wollten die Bildung zum Gemeingut Aller machen und haben sie zum Vorrecht des Reichthums gemacht; sie wollten die höchste Sittlichung der Gesellschaft und haben sie in sittliche Fäulniß versetzt; sie wollten, um Alles mit einem Worte zu sagen, schrankenlose Freiheit und haben die schmählichste Knechtschaft erzeugt; sie wollten das Gegentheil von Allem, was sie wirklich erlangten und haben damit den Beweis geliefert, daß der Liberalismus in seinem ganzen Umfange nichts ist als eine Utopie".

b. Der Communismus.

Kaum ein anderes System volkswirthschaftlicher Art ist dem Liberalismus so verhaßt, scheint ihm derart unerträglich, als Jenes, welches wir unter dem Namen des Communismus fassen. Man ist zwar heute mit der Auswahl der Bezeichnungen nicht sehr genau; es kommt nicht selten vor, daß man Sozialismus mit Communismus, mit Sozialdemokratie, ja mit Republik für gleichbedeutend ansieht[1]). Und der harmlose Philister, der einmal von angestrebter Theilung der materiellen Güter gehört hat, fürchtet selbst in seinen Träumen, daß heute oder

---

[1]) Roscher, die Grundlagen der Nationalökonomie, Stuttgart, Cotta, 1873 S 155 u. a. a. O.

morgen irgend ein Knittelträger in sein friedlich Haus treten
werde, um die Theilung brevi manu vorzunehmen Der
Zeitungsleser fürchtet Umsturz der Regierungsform, der Dynastie,
Blut und Mord, denn im Grunde sind alle sozialen Parteien:
Anarchisten, Nihilisten. So haben es ihm die publizistischen
Vertreter des Liberalismus weiß gemacht.

Die Zukunft wird einst ein strenges Urtheil selbst über
unsere sogenannten gutgesinnten Gebildeten zu fällen haben,
weil sie in der ernsten Zeit des wirthschaftlichen Systemwechsels
nicht einmal den Stand der Sache erkannt und sich mit Kin-
dermärchen in's Bockshorn jagen ließen. Wenn wir hier von
allen sozialistischen Parteien den Communismus herausheben
und ihn ebenso ausführlich behandeln wie den Liberalismus,
so protestieren wir gegen die kindlich naive Anschauung, als
sähen wir in diesem Systeme das zum Hasenschreck gewordene
Confiszierungs- und Theilungsprojekt, womit man die Einfalt
so lange geschreckt hat. Gewiß mag es Leute geben, welche
einfach das vorhandene Geld theilen wollen; ja welche es auch
brevi manu thun, wenn die Wertheimkasse nicht fest genug ist,
aber das sind keine Sozialisten und Communisten, das sind
Diebe, Räuber.

Solcher hat es gegeben, als man noch nicht vom Sozialismus träumte, und wird es immer geben, sie haben jedoch mit
dem sozialistischen Systeme nichts zu thun. Man muß sich endlich
gewöhnen, auch den wirthschaftlichen Parteien nicht jene Ele-
mente aufs Kerbholz zu schreiben, welche an deren Rockschößen
sich gegen deren Willen anklammern. Die Mahnung, welche
Schäffle[1]) gibt, nicht über den Sozialismus zu sprechen, wenn
man ihn als geordnetes wirthschaftliches System, nicht kennt,
sondern nur herausgerissene Sätze, mißverstandene Aeußerungen ꝛc., machen wir ganz zu der unseren.

Der Communismus bedeutet eine Partei, eine Spezies unter
dem Genus Sozialismus. Letztere Bezeichnung gehört für alle
Panpolisten, alle jene, welche gegen den Capitalismus, Li-

---

[1]) Quintessenz des Sozialismus. Gotha. Perthes 1877

beralismus, überhaupt gegen den Monopolismus Front machen. Unter der Fahne des Sozialismus finden wir auch Christlich-Soziale, denn der Sozialismus ist nicht, oder muß wenigstens nicht religionslos sein. Alle diese Schattirungen sind einig und kämpfen für eine Besserung der Lage der Volksmassen, Aufhebung, Abstellung der heute noch an der Tagesordnung stehenden Eventualität, daß ein Mensch im Souterrain, trotz besten Willens zu arbeiten, vor Hunger stirbt, während ein Anderer in der Belletage für geleistete Prostitution Hunderttausende verschleudert, einen Stock höher wieder Einer sich erschießt, weil er zu viel genossen hat und nun sich unfähig fühlt, weiter zu essen und zu trinken. Wir führen diese Extreme an, nicht als ob es uns Freude machte in der Wunde der Gesellschaft zu wühlen, sondern weil sie in der Wirklichkeit vorkommen und wir nicht Vogel Strauß spielen wollen.

Sozialdemokraten, Republikaner ꝛc. berücksichtigen wir hier nicht, denn das sind politische Parteien, genasführte Leute oft, welche in den vom Liberalismus hingeworfenen Knochen rabulistischer Verfassungsparagraphen beißen und sich herumzanken, während das Kapital immer mehr in eine Kasse fließt und die große Menge für diese eine arbeiten muß. Die Regierungsform hat an sich mit dem Sozialismus nichts zu thun, und ist eine Verfolgung der Sozialisten von Seite welcher Regierung immer eine im Grunde unberechtigte Sache, außer die Regierung identificiere sich mit der herrschenden Klasse und glaube sie schützen zu müssen. Dann wird sie aber den Massen als ihre Feindin erscheinen und das sollte nicht statt haben. Der Sozialismus verträgt sich mit dem Königthume, ja wir glauben, mit dem erbangesessenen historischen Königthume ganz vorzugsweise, wenn auf dieser Seite nur die halbwegs richtige Anschauung über Ziel und Aufgabe vorhanden ist. Ein König, der ausgleicht, der Gerechtigkeit übt, der die wirthschaftlichen Freibeutereien, sowie die auf der Landstraße abstellt, der hat in den Sozialisten seine festesten gar nicht zu brechenden Stützen. Indessen auch in Wahlreichen, Republiken ꝛc. ist der Sozialismus möglich.

Der Communismus auch? Wir werden es sehen. Der Communismus ist seiner allgemeinen Idee nach ein sozialistisches System, welches dem Privatkapitale das Collectivkapital substituieren will. Man sagt und hört zwar oft, daß der Communismus jedes Privateigenthum confiscieren wolle, allein das ist so allgemein nicht richtig. Es mangelt zwar nicht an Solchen, welche individuelles Eigenthum und Privatbesitz nicht anerkennen wollen, aber wir finden auch Solche, welche nur das Produktiv- und nicht das Consumptivkapital in den collectivistischen Besitz überführt wissen wollen. Wir sprechen hier vom Communismus deßwegen ausführlich, weil dieses System am meisten ausgebildet ist, auch wissenschaftlich begründet worden ist, ferner weil es in Bezug auf gewisse Punkte mit dem Christenthume direkt collidiert und von kirchlicher Seite verworfen ist. Andere sozialistische Systeme wird es genügen, gelegentlich, in cumulo bezüglich ihrer wichtigsten sozialen Reformvorschläge anzuführen und wenn schon nicht auf die Utilität, doch auf das Verhältniß zu der Moral zu prüfen.

Wir haben oben mit einer Zusammenstellung liberalen Wollens und Wirkens nach Marlo das vorhergehende Kapitel geschlossen. Wir wollen hier demselben Auktor in antecessum das Wort geben. Er sagt a. c. O. S. 335: „Die Communisten wollen die Arbeit bis zum Spiel erleichtern und verdoppeln deren Last durch Hinzufügung des Zwanges; sie wollen die freieste Entfaltung aller Kräfte, und machen sie zu willenlosen Theilchen einer Maschine; sie wollen einen Jeden durch Vertheilung der natürlichen Güter beglücken, und setzen die Theilung bis zur Verkümmerung Aller fort; sie wollen den Wohlstand der Gesellschaft und geben sie dem Elend und Verderben preis; sie wollen das Verdienst zu Ehren bringen und machen es zum Sklaven der rohen Gewalt: sie wollen Vernichtung eines jeden Monopols und gründen Monopole der Trägheit und Unfähigkeit; sie wollen Aufhebung der Völkerkriege und setzen den Bürgerkrieg an ihre Stelle; sie wollen Beseitigung eines jeden Staatszwanges und gründen eine vollendete Zwangsanstalt; sie wollen die Bildung zum Gemeingut Aller machen und berauben Alle der Mittel dazu; sie wollen die höchste Sittlichung der Gesellschaft und machen den Genuß zum Preis der Unsittlichkeit; sie wollen mit einem Worte die vollkommenste Gleichheit und stellen die vollkommenste Ungleichheit her; sie erstreben das Gegentheil von Allem was sie erzielen d. h. der Communismus ist ebenso wie der Liberalismus eine Utopie."

So spricht derselbe Autor, der wenige Seiten vorher von eben demselben Communismus gesagt: "Der Communismus ist eine bei weitem mildere Erscheinung als der Liberalismus, und will sich durchaus auf keinem andern Wege, als dem der freien Ueberzeugung geltend machen. Auch ist die communistische Partei weit reicher an menschenfreundlichen Charakteren als die liberale und man kann ohne Uebertreibung sagen, daß die Menschenliebe ihrer noch lebenden Häupter Cabet und Owen (1850 nemlich, als Marlo sein Werk herausgab. Cabet † 1856, Owen † 1858,) weit über das Vorstellungsvermögen ihrer oberflächlichen Beurtheiler hinausgeht. Es ist ein Grundzug in dem Charakter beider Parteien, daß bei den Liberalen die Thätigkeit des Verstandes und bei der communistischen die Thätigkeit des Herzens vorwaltet — ein Unterschied, welcher sich in der Eigenthümlichkeit ihrer Gesellschaftsideale auf das Deutlichste ausgeprägt hat. Uebrigens kommt es bei der Würdigung einer Rechtsidee durchaus nicht auf die Ansichten an, die deren Urheber über die Art und Weise ihrer Einführung haben, da — nach dem Zeugnisse der Erfahrung — noch keine ohne blutige Kämpfe geschichtliches Dasein gewann. Der Liberalismus verdankt seine jetzige Geltung dem Schwerte und daß der Communismus, trotz der friedlichen Gesinnung seiner Urheber gesonnen ist, sich auf demselben Wege Eingang zu verschaffen, beweisen die jüngsten Zeitereignisse sehr deutlich".[1]

Wir sind heut um drei Jahrzehnte vorgeschritten; die Communisten haben sich vermehrt, haben einmal in Paris, die Probe auf Regierungs- resp. Verwaltungsfähigkeit ablegen

---

[1] Untersuchungen über die Organisation der Arbeit. Kassel 1850. 1. Th. S. 332.

können, sie jedoch schlecht bestanden, ohne daß sie von ihren Ansprüchen ablassen wollen.

Da durch Einführung des Communismus der Gesellschaft geschadet, die Lage der Arbeiter um nichts gebessert würde, so ist es nun unsere Aufgabe, nicht bloß zu zeigen, daß der Communismus eine Utopie, sondern daß er wirthschaftlich schädlich und moralisch verwerflich sei.

Der Communismus, den man auch Aequalismus nennen könnte, wird von vielen Autoren als logische Weiterentwicklung des Liberalismus, ja gewissermaßen als Sohn desselben angesehen[1]). Consequente Fortführung eines gemeinsamen Prinzipes ja, Sohn nein, weil sonst der Sohn älter, mindestens gleich alt wie der Vater wäre.

Liberalismus und Communismus sind zwei verschiedene Stämme, sind zwei Richtungen, welche gegen einen und denselben Gegner, den Monopolismus in's Treffen geführt wurden. Der Liberalismus richtete sein Augenmerk vorzüglich auf die Beschränkung der persönlichen Freiheit, und war bemüht, dieselbe abzuschütteln, während der Communismus auf die außerordentliche Ungleichheit der verschiedenen Gesellschaftsschichten blickte und die Gleichheit auf seine Fahne schrieb. Der Liberalismus schrie nach Freiheit, der Communismus nach Gleichheit. Aus der Vereinigung beider Devisen sollte nach Ansicht der Schwärmer die Brüderlichkeit folgen, die aber nie folgte. Denn der Liberalismus bleibt immer bei der Freiheit stehen. Er gehört oder besser seine Anhänger gehören zu jenen, welche durch die Gleichheit verlieren würden. Die große Macht, der Alles beherrschende Einfluß des Liberalismus kommt von der günstigen Stellung seiner Anhänger, welche alle Mittel, alles Kapital in feuer- und einbruchsicheren Kassen verwahrt haben, also für die Anderen den Brodkorb in der Hand haben.

---

[1]) Siehe Müller Theol. mor. Vindobonae 1878 tom. 1 pag. 33. Allerdings ist dort der Ausdruck Sozialdemokratie gebraucht aber dem Wesen nach die unter Communismus subsumierte Parteirichtung gemeint soferne man nicht bloß den politisch-religiösen sondern auch den sozialen Inhalt berücksichtiget.

Die Idee des Communismus ist schon sehr alt. Wir wollen nicht den Fehler begehen, den Zeitgenossen schon oft gemacht haben. Man beruft sich zur Vertheidigung des Communismus als sozialen Systems auf die ersten Christengemeinden, auf die Mönche der Thebais und die ascetischen Klostergenossenschaften überhaupt, eine Berufung, die nicht unglücklicher gewählt werden könnte. In allen jenen Vereinigungen, die klein waren, und in Folge dessen sich halten konnten, war überdieß gerade das gegentheilige Prinzip des Communismus ausschlaggebend. Jene Genossenschaften gingen von dem Grundsatze aus, daß den irdischen Gütern kein Werth zuzuschreiben, daß die Entsagung viel höher anzuschlagen sei; sie wollten nicht Genüsse, sie wetteiferten in Entbehrung, sie lebten im Cölibate, vermehrten also aus sich heraus nicht die Concurrenz um die Wurzeln und Kräuter ihrer Nahrung.

Ganz anders fassen die Communisten die Sache auf. Sie wollen nicht Entsagung, sie wollen Freude und alle möglichen Diesseitsgenüsse, sie wollen keinen Cölibat sondern Familienfreuden, sie wollen sich nur mit den monopolistischen Klassen in die Genußmittel theilen, sie wollen aber, weil sie die Nothwendigkeit der Produktion, der Arbeit einsehen, auch die Gleichheit, die Gemeinsamkeit der Arbeit einführen. Alle Menschen sollen wie gesagt, gleich sein. Gleiche Lasten, gleiche Lüsten, gleiche Arbeiten und Leistungen, gleiche Genüsse und Erfolge.

Die Erstlingswerke einer communistischen Literatur, denn Wünsche nach gleichen Genüssen mag es immer unter den Armen aller Himmelsstriche gegeben haben, entstanden im 16. Jahrhunderte und zwar in England. Kein Geringerer ist Vater der communistischen Anschauung als der katholische Blutzeuge unter Heinrich VIII. nemlich Thomas Morus. Enthauptet 1535.

Im Jahre 1516 erschien das Werk Utopia, in welchem die glückliche Insel Utopien mit $1\frac{1}{2}$ Millionen Einwohner, demokratischer Verfassung und communistischen Einrichtungen geschildert ist. Die Utopier sind natürlich sehr glücklich; sie haben kein Privateigenthum, arbeiten täglich 6 Stunden, liefern die Produkte in gemeinsame Waarenhallen ab, wo sie je nach

Bedürfniß von der Regierung vertheilt, ausgetauscht werden. Alle sind gleich gekleidet, speisen gemeinsam, heirathen früh u. s. w. Wenn sie nicht mehr Platz auf der Insel haben, resp. nicht genügend Genußprodukte erzeugen können, dann schicken sie den überschüssigen Menschentheil weg, durch Colonisation wo anders ein gleich glückliches Leben zu inaugurieren. Es geht das im Buche Alles sehr schön und gut von statten; man verliebt sich ordentlich in diese Utopier, welche nie zanken, die Ehe heilig halten, religiös sind u. s. w.

Diesem ersten communistischen Staatsromane folgten bald andere mit mehr oder minder großen Abänderungen bei gleichen Prinzipien. Ein italienischer Dominikanermönch T. Campanella schuf die Sonnenstadt (1620).

Gracchus Babeuf, 1797 guillotiniert, gab ein Blatt der „Volkstribun" heraus, durch welches die Romanideen in Frankreich Wirklichkeit gewinnen sollten. R. Owen, ein Engländer machte einen praktischen Versuch auf seiner Fabrik, der bei eben günstigen Umständen gelang und viel Aufsehen erregte. Als er jedoch seine humanistischen Prinzipien verallgemeinern wollte, scheiterte er. Er hatte auch schwere Konflikte mit den christlich Gläubigen, da er vom Christenthume absah, nur eine natürliche Religion predigte und geradezu erklärte, daß alles Böse aus Noth und schlechter Erziehung stamme. Die christliche Religion nannte er Aberglauben. Sozial wollte er Abschaffung der Städte und Aufhebung der Berufsgeschäfte. Jeder sollte in seinen Verrichtungen einen genußreichen Wechsel haben.

Cabet, ein Franzose, legte seine communistischen Ansichten wieder in einem Romane: Reise nach Ikarien nieder. Er wollte jedoch, daß dieselben nicht durch Gewalt, sondern durch Ueberzeugung praktisch gemacht würden. Darum sollte das individuelle Eigenthum durch 50 Jahre fortbestehen, dann erst der beglückende Communismus beginnen, wie er ihn in Ikarien mit Farbenpracht schilderte.

Zum Theile müssen wir den Grafen St. Simon, ferner Enfantin, Fourier, Bazard zu den Communisten rechnen, obgleich ihr System sich in erster Linie auf religiöse resp. irreligiöse

Träumereien stützt. Diesen Männern gelang es, den Communismus in Mißkredit zu bringen. Enfantin und Fourier griffen durch die von ihnen verfochtene Emancipation der Frauen die Familie, Bazard schließlich das Erbrecht an. Seither stammt die Furcht der besitzenden Klassen vor Allem, was Communismus heißt. Wir wiederholen jedoch, daß das System an sich weder Eigenthum noch Familie anzutasten nothwendig hätte, ja daß gerade die edleren Vertreter nicht auf Abschaffung beider, sondern auf Zugänglichmachung für Alle plaidierten.

Es sei uns hier gestattet das Urtheil Schäffles[1]) über den Communismus anzuführen: „Leute, welche sich nicht die Mühe nehmen, den Communismus aus seinen Quellen zu studieren, machen sich die Widerlegung desselben in der Regel leicht. Witzeleien und allgemeine Phrasen sind die Abfertigung. Da heißt es: Die Communisten seien alle antireligiös und wollen das menschliche Leben nur von der menschlichen Vernunft geregelt wissen, sie seien Humanisten. Allein dieß ist unrichtig; Cabet z. B. ist Monotheist. . . . Es gibt unter den Liberalen so viele Materialisten und Humanisten der Ueberzeugung und der That wie unter den Communisten. Man sollte sich in der sozialen Frage endlich die Untugend abgewöhnen, immer zuerst zu fragen: Heinrich wie hältst du's mit der Religion.

Ferner heißt es: alle Communisten sind unchristlich. Das ist ganz falsch. Communismus, soweit er gediehen ist, ist gerade als christlicher Communismus gediehen und die Grundidee der Gleichheit, das Hauptstreben der communistischen Erziehung: Nächstenliebe zu pflanzen, sind durch und durch christlich, viel christlicher als die Privilegiensucht der alten Stände und als die Habsucht der Aristokratie.

Der Communismus sei eitel Genußsucht und Materialismus. Auch das nicht. Mögen einzelne Proletarier im Phalansterium (so heißen nach Fourier die Einzelngenossenschaften, in welche der communistische Staat zerfallen soll) ein Schlaraffenleben erblicken, diejenigen welche communistische Organi-

---

[1]) Kapitalismus und Sozialismus Tübingen 1870 S. 196

sationspläne ausheckten, wollten vielfach nur zu sehr und der menschlichen Natur zuwider Einfachheit und Frugalität. Babeuf und Owen wollten eben die Geilheit der geldkapitalistisch-liberalen Städte mit Stumpf und Stiel beseitigen. Platos spartanischer Communismus war nichts weniger als eine Gemeinschaft der Gourmandie und die schwarze Suppe, die auf den gemeinsamen Tisch der Spartaner gesetzt wurde, war wie uns Plutarch überliefert, bei den Leckermäulern des Alterthums sogar schlecht accreditirt. Da ist bei den Millionären und ihren Weibern ganz andere Genußsucht, als bei den Communisten. Die Pflege der idealen Interessen fällt wohl bei Babeuf ganz in die Brüche, nicht aber bei Plato, der die Philosophen obenan stellt und nicht bei Cabet und Owen.

Auch der Vorwurf des Neides ist ganz unbegründet; wer selbst hervorragend begabt, wie alle großen Communisten von Plato, den Aposteln und Morus bis auf Owen, sich Niedrigen gleichsetzt, ist nicht von gelben Neide erfüllt. Daß viele aus Neid sich dem Communismus anschließen würden, mag wahr sein. Aber Neid ist auch unter dem Troß der Liberalen in Scheffeln vorhanden.

Nicht einmal der häufigste Vorwurf ist richtig, daß der Communismus zur Aufhebung der Familie und alles Eigenthumes führe. Nicht alles Eigenthum sondern das Privateigenthum hebt er auf, das Collectiveigenthum der Gemeinde oder der Stammfamilien will er sehr fest machen. Die Einehe löst er nicht nothwendig auf, er befreit sie sogar von der heutigen Vergiftung durch die Heirathsentscheidungen des Geldsackes. Der wilden Geschlechtsgemeinschaft oder der Libertinage wollen und können die Communisten steuern. Die reiche liberale Welt von heute mit ihrer scheußlich überhand nehmenden Geilheit, ihren Scandalen und massenhaften Ehebrüchen hat jedenfalls den Communisten nichts vorzuwerfen. Morus, Cabet, Owen sind durchaus nicht Anhänger des Weibercommunismus. Allerdings das heutige Verhältniß von Kindern und Eltern würde durch die öffentliche Erziehung total umgeändert werden.

Auch der Vorwurf, der Communismus führe zur Knechtschaft und sei rein negativ, ist, wenn er von bevorrechteten alten Klassen oder vom Liberalismus erhoben wird, nicht begründet. Negativ gegen das Bestehende verhält sich allerdings der Communismus genau wie jede neue Zeitrichtung, wie sich das Christenthum negativ gegen die Sklaverei, der Feudalismus negativ gegen die ältere Volksfreiheit, wie sich das Königthum gegen die Feudalgenossen, der Liberalismus gegen den Feudalismus und den monarchischen Absolutismus negativ verhalten hat. An und für sich ist der Communismus sogar üppig positiv an Vorschlägen der Organisation von Gesellschaftswegen, viel positiver als der Liberalismus mit seinem leeren Staatsbegriffe. Das phantastische Zuviel ist die Schwäche des Communismus .. Soweit der Communismus ein Kampf gegen den Liberalismus ist, richtet er sich gegen die faktische indirekte Arbeitssklaverei der Masse der Freien, welche mit dem liberalen Rechte nicht stimmt."

Sowie hier Schäffle, denkt auch Marlo vom Communismus. Beide sind und stehen durchaus nicht auf communistischem Standpunkte, aber beide stehen ihm mit einem gewissen Wohlwollen gegenüber. Sie begreifen, daß die thatsächlich vorhandenen Mißstände auch schon edle Seelen zu communistischen Träumereien verführen konnten. Dadurch unterscheiden sie sich von jenen Poltrons, welche die Anhänger dieses Systems sammt und sonders als wilde Räuber ausgeschrieen haben, welche den Philister gruseln machten aus Furcht vor Theilung ꝛc., welche ihm vorgeredet haben von der Herrschaft der Müßiggänger über die Fleißigen, da ja immer gleich getheilt werden müße, u. s. w. Derlei Ausgeburten sind im Systeme, soweit es sich um das soziale handelt, einfach nicht enthalten. Dasselbe statuiert nur gleiche Arbeit, gleiche Genüsse.

Nicht derlei wahnwitzige Plattheiten sprechen also gegen dieses System, sondern wie Schäffle nach Marlo auseinandersetzt, einfach die Unmöglichkeit seiner Ausführung, und die noch größere Unmöglichkeit der Abhilfe für die Beschwerden durch dasselbe.

Nicht alle Menschen sind gleich arbeitskräftig, arbeitslustig. Die Verpflichtung zu gleicher Arbeit wäre daher widernatürlich, ja unausführbar. „Die wahre Ausgleichung und Ergänzung der Ungleichen durch Verkehrsgemeinschaft, mit anderen Worten die spezifische Produktivität des sozialen Verhältnisses würde beseitiget werden, indem man jedes Individuum in demselben Prokrustesbett kürzer oder länger strecken würde." (Schäffle.) Auch der Grundsatz, daß alle Menschen gleiche Bedürfnisse haben, ist ganz unwahr. Man braucht daher nicht allen Individuen die gleiche Arbeit aufzuerlegen, die überdieß für die Verschiedenen verschiedene Mühe und Genuß repräsentiert.

Dann, was die Communisten so gerne übersehen, sind die natürlichen Subsistenzquellen auf Erden beschränkt; es ist gar nicht möglich, deren Ertrag, wenn auch heute der Culminationspunkt noch lange nicht erreicht ist, nach Bedürfniß zu steigern. Nur Thiers[1]) war es, der in höchst oberflächlicher Weise gegen den Communismus losziehend sich zu Behauptungen verstieg, die man milde genommen, absurde, lächerlich nennen muß. Er sagt: „Steigt die Bevölkerung eines Landes, so schreitet man zur Auswanderung, und ist, was sobald nicht zu befürchten steht, die ganze Erde in Beschlag genommen, so vervielfältigt man durch Steigerung der Fruchtbarkeit des Bodens dessen Ertrag um das Zehn- um das Hundert- ja um das Tausendfache. Darum hinweg mit allen kindischen Befürchtungen, die vor dem gesunden Menschenverstande wie Nebel vor der Sonne gerinnen."

Es ist uns eine Art Labsal, daß diese Worte, mit welchem eine so ungeheuerliche Behauptung mit kecker Stirne vorgelegt wurde, in einem liberalen, einem Werke zur Vertheidigung des Liberalismus vorkommen, jenes Systemes, das wie wir schon gesehen, überhaupt nur zur Täuschung und Ausnützung der Massen erdacht, in's Leben eingeführt ist.

Das Zehn-, Hundert- ja Tausendfache! Ach man wäre froh, wenn man die Ertragsfähigkeit überall verdoppeln könnte!

---

[1]) „Das Eigenthum". 1848.

Natürlich, so lange unangebauter Boden vorhanden ist, oder ein nicht gut und rationell behandelter Boden, so lange ist gar nicht zu zweifeln, daß eine Steigerung der Consumtionsmittel-Erzeugung möglich ist. Aber man vergesse auf das Bevölkerungsgesetz nicht, von dem wir schon einmal gesprochen und worauf wir nochmal zurückkommen werden. Man denke sich eine communistische Gemeinde mit voller Gleichheit und Freiheit, in welcher, anfangs ohne Weiteres zuzugeben, Besserung und offenkundige Zufriedenheit herrscht, in welcher kein Einzelner eine Sorge hat, weil er sie alle auf die Gesammtheit übertragen, in welcher die Kinder ihm nicht zur Last fallen, da sie gemeinsam erzogen werden, und man wird zugeben müssen, daß die Zügel des Geschlechtstriebes hier schrankenlos gelöst sind, daß, wie Mirabeau mehr wahr als passend sagte, die Menschen sich vermehren würden wie die Ratten. Und da müßte naturnothwendig eine Zeit kommen, in welcher das Verhältniß von Mitteln und Menschen gründlich gestört wäre: Die Noth würde allgemein, das Ziel des Communismus, um dessenwillen so viele Menschen auf Privateigenthum, Erbrecht ec. verzichtet hätten, wäre nicht erreicht. Der Communismus ist kein Retter in der Noth und von der Noth.

Zu diesen Erwägungen kommen noch andere, die ganz zu demselben Resultate der Ueberzeugung führen. Man kann sich eine sozietäre Geschäftsform denken, wie später die Rede davon sein wird, eine Genossenschaft von Menschen eines und desselben Industriezweiges, auch der Landwirthschaft, welche ihre Unternehmung gemeinsam betreiben, und gleiche Fruchterträgnisse unter sich theilen, aber man kann sich eine ganze Gesellschaft, eine Nation, ein Reich gar nicht denken, in welchem die Arbeit ausgemessen, vorgeschrieben, die gleiche Austheilung der Produkte vorgenommen, ausgetauscht ec. würde. Alle Freude, aller Genuß, den jemand an einer von ihm, seiner Individualität entsprechend gewählten Arbeit hat, würde aufhören, denn der communistische Staat wäre nicht im Stande außer dem Bedürfnisse noch die Neigungen seiner Bürger zu berücksichtigen. Ferner denke man sich den nothwendig aufzubietenden Apparat von Beamten zur Zutheilung der Arbeiten und Produkte, ob das nun platonische Philosophen, Campanella'sche Priester oder Babeuf—Owen—Cabet'sche Gemeinderäthe und Tribunen wären. Man sagt nicht zu viel, wenn man, selbst nur für eine mittelmäßig große Communität, sie für unmöglich erklärt. „Sie wäre" sagt Schäffle „nicht durchzuführen selbst wenn diese Beamten Engel und nicht sehr unvollkommene Gleichheitsbengel wären." Ja, wir schließen mit Marlo: Der Communismus als ökonomisches allgemeines Princip in die That übersetzt, ist und bleibt eine Utopie.

1. Urtheil der Moral.

Ehevor wir zu anderen sozialistischen Prinzipien und Systemen übergehen, welche heute theilweise von Einzelnen, theilweise von ganzen Schulen und Parteien gegen das liberale, kapitalistische Wirthschaftsprinzip, vorläufig das einzige allgemeine, im Besitze befindliche vorgebracht werden, obliegt es uns, beide Systeme, den Liberalismus wie den Communismus, vom Standpunkte der christlichen Moral aus zu betrachten. Wir müssen uns klar sein, ob man das herrschende System bei Beobachtung der christlichen Moral stürzen kann und darf, ferner wie sich die Moral gegen allfällige Versuche den Communismus einzuführen verhalten würde. Wir sprechen von dieser Sache separat an dieser Stelle, während die Prüfung auf die Moral bei anderen sozialistischen Prinzipien unmittelbar nach Anführung derselben brevi manu erfolgen wird. Die Gründe sind einleuchtend. Es handelt sich hier um die beiden extremen selbstständigen Systeme, während die noch zu besprechenden Schattierungen sich zum Theile der liberalen, zum Theile der communistischen Schule nähern. Schäffle stellt den sozialen Stammbaum in dieser Weise auf:

Liberalismus	Communismus
a. der ganze Liberalismus.	a. der ganze Communismus.
b. der halbe Liberalismus.	b. der halbe Communismus.
Schutzzollsystem.	Sozietäres System.

Föderalismus.

Nach diesem Schema wären die momentan Weltgeschichte machenden „Halben" die Uebergangsvermittler zum Föderalismus, einem Systeme, welchem Marlo huldigte, welches Schäffle systematisch entwickelte, und dem sehr bedeutende Nationalökonomen ergeben sind. Wir sprechen zum Schluße darüber. Als Christen muß uns daran liegen zu wissen, wie wir uns jetzt im Kampfe um das Werden einer neuen Ordnung zu verhalten haben.

Es frägt sich: Darf man den Liberalismus bekämpfen, oder muß man es vielleicht sogar? Ist der Liberalismus auf Unrecht aufgebaut, nur der privilegirte Räuber fremden Fleißes, Verdienstes wie die sozialistischen Gegner sagen? Oder muß man seine Privilegien, seine Rechte, seine gefüllten Kassen als durch das siebente Gebot geschützt für immer unangetastet lassen, da dieses Gebot schon im Naturrechte begründet und noch eigens positiv von Gott eingeschärft, offenbar nie umstößlich werden kann? Muß also die Gesellschaft, wenn sie auf Gott und Seligkeit nicht verzichten will, ewig im Banne des der Gesammtheit schädlichen Wirthschaftsprinzipes schmachten?

Das sind ganz zweifelsohne sehr bedeutende und wichtige Fragen, von deren Beantwortung sehr viel abhängt, und die überdieß sehr heiklich sind. Letzteres sagen wir nicht darum, weil die Liberalen gleich bei der Hand sind mit Vorwürfen wegen Verletzung von Religion und Gesetz, wenn an sie getupft wird, während sie selbst da sie nicht bloß wirthschaftlich, sondern auch religiös liberal, d. h. materialistisch gesinnt sind, nicht oft und heftig genug auf die Religion tupfen zu können glauben. Sie sind Tartuffnaturen, wir gehen auf derlei Dinge nicht ein. Heiklich nennen wir das Thema objektiv, weil unmittelbar genügende Entscheidungen, welchen absolute Verläßlichkeit zukäme, Entscheidungen der Kirche, oder Stellen aus Schrift und katholischer Tradition nicht vorhanden sind. Man kann daher nichts thun, einzelne wenige Punkte ausgenommen, als mit gutem Willen die spekulative Applikationskraft des eigenen Geistes anwenden, und eine allfällige Correctur beruhigt dem Lehramte der Kirche überlassen.

Von einer, uns sehr ungeschickt scheinenden Vorgangsweise werden wir uns besonders hüten. Wir haben viele christliche, katholische Apologeten in der Hand gehabt, welche den religiösen Liberalismus zu Toleranz, Achtung des Christenthumes bewegen wollten, indem sie die Folgen recht lebhaft schilderten, welche, wenn das Christenthum wegfiele, auf wirthschaftlichem Gebiete eintreten würden: Communismus, Aufhebung des Privateigenthums u. s. w.

Einen derartigen Vorhalt könnte man nur begreifen, wenn die Religion eben von göttlicher Seite den Beruf erhalten hätte an den Wertheimkassen des Liberalismus Wache zu stehen, wenn also der Liberalismus nicht bloß als ein momentan zu recht bestehendes Wirthschaftssystem zu respectieren, nein ein unabänderliches nicht antastbares Fundament der ganzen Zukunft bieten würde. Das ist aber durchaus falsch. Das liberale Wirthschaftsprinzip ist gekommen, nachdem es lange nicht in der menschlichen Gesellschaft gekannt war, es kann gehen, Gesellschaft und Religion sind mit ihm nicht identisch. Durch das Identificieren hat man, wie wir schon einmal gesagt, die Religion als Feindin irdischen Wohlbefindens für die Masse hingestellt, was sie nicht ist, nicht zu sein den Beruf hat, wenngleich sie auch nicht dazu da ist, dem Materialismus zu dienen, also materielles Wohlbefinden zu besorgen.

Ein sehr leichtes Amt den Liberalismus zu widerlegen, ihn mit argumentis ad hominem in die Zwickmühle zu bringen hat der Communismus und die nicht christlichen Sozialen überhaupt, wenn sie sich auf den Standpunkt desselben selbst stellen. Sie haben es gethan und thun es noch und haben dadurch sicher sehr viel beigetragen, daß der religiöse Ganzliberalismus zum staatschristlichen Halbliberalismus geworden ist. Nachdem der Liberalismus ein göttliches Recht nicht kennt, nachdem sein Gott der Staat, die Rechtsquelle der Staat ist, nachdem die den Staat Repräsentierenden Recht machen können, gegen das kein historisches, ja kein natürliches und göttliches aufkommt, so brauchen die Sozialisten nur den Staat, d. h. die Staatsrepräsentanz in ihre Hände zu bringen, um dann ganz mit liberalen Mitteln der Willkür Recht zu machen, zu dekretieren und die an solchem Rechte Zweifelnden einfach auszuweisen oder einzusperren. Die Macht des Kapitales, welche den Schlüssel zum täglichen Brote für Millionen in der Hand hat, ließ es nicht zu, daß die Massen diesen Versuch durchführten, wohl auch der mindere Grad von Erkenntniß in den Meisten. Theoretisch war und ist an der Möglichkeit nicht zu zweifeln, auch nicht an dem Rechte nach liberaler Chablone.

Wir haben es nicht so leicht. Der Liberalismus ist uns in seiner Idee, seinem theoretischen Fundamente ein Irrthum, ein Abfall von Gott und Christenthum, wir können uns auf denselben Boden nicht stellen, wir können nur auf dem Fundamente der Wahrheit bleiben, unbeschadet ob der wirthschaftliche Liberalismus daraus Gewinn zieht oder nicht. Als religiöses System, eigentlich unreligiöses, gibt es kein Paktieren mit ihm. Er ist Materialismus und Rationalismus. Als politisches System ist er revolutionär oder conservativ, je nachdem es in seinem Vortheile liegt. Wir haben auch nicht noth, von dem Verhältnisse der Moral nach dieser Seite ein Wort zu verlieren. Auf die wirthschaftliche Seite also beschränkt sich das, was eine Erörterung zu erheischen scheint.

Wir fassen ein doppeltes Moment: Vergangenheit und Zukunft. Ist es erlaubt, den erworbenen Besitz anzutasten? Dürfte z. B. heute oder morgen eine Confiscation des Grund und Bodens, des beweglichen Vermögens in Gesetzesform verfügt werden, eine Unterschneidung des angesammelten Kasseninhaltes?

Wir sagen: nein und werden dadurch nicht irre, wenn man sagt, daß der große Reichthum der Einzelnen gegen das Sittengesetz erworben, daß es der Schweiß der unterdrückten Armen sei, ferner daß ja der Liberalismus im vorigen Jahrhunderte auch mit einer Depossedierung der beiden ersten Stände zu Gunsten des dritten debutirt habe. Es kann möglicherweise, ja es kann in Wirklichkeit, eine Restitutionspflicht auf dem Reichthum lasten, so daß der Inhaber sittlich gehalten ist, die Beschädigten resp. deren Rechtsnachfolger schadlos zu halten, allein diese Verpflichtung entzieht sich jeder menschlichen Ingerenz. Man kann sie nicht nachweisen, folglich auch nicht, sei es auf welchem Wege immer exequieren. Wenn das Gewissen die Inhaber fremden Gutes nicht zwingt, gibt es kein Mittel, ja es steht die Präsumtion für bona fide Besitz.

Eine Depossedierung im Rechtswege aus Gründen des öffentlichen Wohles mit Entschädigung und Beschränkung auf das vom öffentlichen Wohle Geforderte ist hingegen zulässig. Viel Privateigenthum wird zur Zeit der Kriege benützt und verbraucht, bezüglich welches der Eigenthümer nicht um seinen Willen befragt wurde; Eisenbahngesellschaften, Wasserleitungsunternehmungen 2c. erhalten ohne Widerspruch gesetzlich das Recht der Expropriation gegen solche, welche Boden oder Rechte nicht zu Gunsten des öffentlichen Interesses, natürlich gegen Entschädigung, ausliefern wollen.

Wenn es sich also um das öffentliche Wohl wirklich handelt, wird die Moral gewiß gegen einen Fall der Nothwendigkeit, wenn und soweit er vorliegt, nichts einzuwenden haben, so sehr auch der Einzelne aus Eigensinn oder welchen Gründen immer, auf seinem Scheine bestehen möchte. Wir reden hier nicht von der Möglichkeit oder Unmöglichkeit der Entschädigungen, das ist nicht unsere Sache. Gewiß ist, daß volle Entschädigung für bisherige, erworbene Rechte oder Besitz ziemlich Allen unmöglich erscheint, daß man also eine beiläufig — man denke an Grund- und Servitutenablösungen — billige als einzig mögliche schon hinreichend finden müßte. Die Güter sind der Menschen wegen da, und Noth kennt kein (siebentes) Gebot. Lassalle[1] will überhaupt kein Recht anerkennen auf

---

[1] Siehe: Briefe von Lassalle und Carl Rodbertus — Jgetzow. Berlin 1878. S. 14

Entschädigung, wenn das Bewußtsein des öffentlichen Geistes irgend ein erworbenes Recht als schädlich erkannt habe, denn das sei die stillschweigend jedem Recht angehängte Bedingung: es könne nur gelten, bis das Bewußtsein des öffentlichen Geistes es als schädlich erkannt habe. Da jedermann von dieser Bedingung wisse, da sie gewissermaßen eine öffentliche Institution sei, so könne die Gerechtigkeit einer Amortisation von Rechten, eine Expropriation von Gütern nicht bestritten werden.

Anderer Anschauung war Savigny und sind viele Andere, wobei allerdings dahingestellt bleiben mag, ob sie die Frage als Frage der Moral oder bloß der Möglichkeit und Opportunität betrachteten. Wir unserseits bleiben bei ersterer stehen; für uns gibt es weder Opportunität noch Möglichkeit, wenn die Moral einmal nein gesagt hat. Und dieses nein hat eine ganz andere Stärke und Ausgiebigkeit als jedes andere von wo immer kommende.

Thiers[1] bringt zur Vertheidigung des Liberalismus und des Eigenthumes (Privat—individuelles) folgendes vor: Sozialistische Irrlehrer haben die einfachsten und bekanntesten Wahrheiten in Zweifel gezogen, haben das seit Jahrtausenden unbestrittene Eigenthumsrecht in Frage gestellt. Sie verlangen eine soziale Revolution und vergessen, daß ihnen, selbst bei aller Macht, der Stoff dazu gebräche. Sie hätten in der That um 60 Jahre früher geboren sein müssen; denn das Jahr 1789 hat die einzig mögliche soziale Revolution vollbracht und zwar auf das Vollständigste. Bis zu jenem denkwürdigen Jahre ließen sich Opfer von den bevorzugten Ständen fordern. Jetzt sind alle Vorrechte zerstört, alle Opfer gebracht; es bleibt Nichts mehr zu opfern, als das Eigenthum, dessen theilweise oder gänzliche Aufhebung leider der gemeinsame Zweck aller unserer sozialistischen Systeme ist. Darum war in jener ruhmwürdigen Zeit die ganze Nation von der glühendsten Begeisterung erfüllt, während sich heutzutage nur eine künstliche

---

[1] A. a. O. Siehe auch bei Marlo II. S. 483.

Aufregung und auch diese sich nur in einem kleinen Kreise irre geleiteter Volksschichten kund gibt. Die natürliche Beschaffenheit des Menschen entscheidet über seine Rechte; und da das Naturgesetz ihn auf das Eigenthum angewiesen, da dies zu seinem Dasein unentbehrlich ist: so unterliegt sein Recht darauf keinem Zweifel."

In weiterer Auseinandersetzung kommt Thiers auf die Gründe der Anfeindung des Eigenthumes und findet in erster Linie den Neid des Armen. Er nennt diesen Neid thöricht, weil der Reiche nicht auf Kosten des Armen erwerbe, im Gegentheile ihm nütze, indem er durch Vervielfältigung der Produkte deren Tauschwert herabdrücke u. s. w.

Das ist nun freilich auf den Kernpunkt nicht oder nur anstreifend eingegangen. Das Eigenthum würde sicher von niemand angefochten, wenn nicht mit Naturnothwendigkeit die Expropriation des Schwächeren erfolgte, also die Eigenthumslosigkeit der großen Masse in kolossalen Dimensionen zunähme. Wenn der Capitalismus uneingeschränkt fortherrscht, so kann man zahlenmäßig den Zeitpunkt feststellen, in welchem alles Eigenthum in einer oder wenigen Händen sein wird .. wenn etwa nicht früher der Dampfkessel springen dürfte. Gewiß ist es auch schon in der Natur begründet Eigenthum zu haben. Der Kleinbauer hängt an seinem Häuschen und Feldchen, der Arbeiter an dem Meublement seiner Wohnung, so lange beide welches haben, da hat Thiers ganz recht. Aber mit dem darf man den Communisten (Th. nennt alle Gegner des Liberalismus Socialisten und schildert sie Eigenthums feindlich) nicht kommen, oder man, d. h. der Kapitalismus, muß sich auf die schönste Retourkutsche gefaßt machen. Der Liberalismus hat mit dem alten Rechte tabula rasa gemacht, er findet nun gar keine Gründe, sein neuaufgebautes Recht zu vertheidigen, solche wenigstens, welche des Aussprechens werth wären.

Wir gehen unserseits wieder zu unserer Frage nach dem Verhältnisse der Moral zu allfälligen Systemen oder Prinzipien, welche dem Liberalismus an den Leib rücken, und zwar zu jenen, welche die Zukunft im Auge haben. Es kann sich hier nur darum handeln, von Seite der Gesellschaft Maßregeln zu treffen, daß der Kapitalgewinn ganz aufhöre, resp. daß er jemand Anderem zu Gute komme, oder daß die Lohnfrage anders geordnet werde, daß der **Wert der Arbeit dem Arbeiter zu Gute komme, und nicht bloß ein Lohn für die Waare Arbeitskraft**, welche der Arbeiter um jeden, d. h. den zum Leben absolut nothwendigen Unterhalt, losschlagen muß, gereicht werde, ferner um Schutz des Arbeiters in geistiger, wie körperlicher Beziehung, um menschenwürdige Versorgung in Krankheit u. s. w. Und da steht die Moral[1]) offenbar auf Seite derer, welche reformieren wollen, auch wenn der Liberalismus wegen Verletzung seines Prinzipes freien Erwerbes schreien sollte. Der gesunde Menschenverstand muß, sobald er sich aus dem Parteibanne emanzipiert hat, heute die Nothwendigkeit und Erlaubtheit der Vorsorge für den wirthschaftlich Schwächern anerkennen, kann nicht ferner Feiertagsgesetze, Normalarbeitstag, selbst Minimallohn, Regelung von Frauen- und Kinderarbeit, Fabrikinspektion ꝛc. a priori verwerfen, obgleich dieses Alles in das Princip der schrankenlosen Freiheit eingreift. Uns ist es daher leicht, da die Moral die besten und passendsten Maßregeln zum Wohle der Gesellschaft nicht aufzustellen hat, weil das nicht ihres Amtes, den Schluß zu machen: es seien gar vielerlei Anordnungen gegen die kapitalistische Weise zulässig, es seien viele nothwendig und die Vertreter des Kapitalismus sündigen gegen die Gerechtigkeit, wenn sie den Wert fremder Arbeit sich anmaßen, so daß sie in Folge fremden Erwerbes kaum mit dem Verschwenden fertig werden können, während die Schaffer oder Erzeuger der Werte ungesund wohnen, ungenügend sich ernähren. Die Ausrede: ich zahle Lohn, über den man mit mir übereinkommt, ist Ausrede, weiter nichts.[2]) Auf Seite der Arbeiter ist die Freiheit nicht, sie ist erdrückt von der Concurrenz.

---

[1]) Der einzige Satz: Der Arbeiter ist seines (verdienten) Lohnes werth d. h. man ist ihm denselben schuldig, enthält das ganze christliche Programm, von dem man nicht abgehen darf.

[2]) Weiß A. M. Die Gesetze f. V. v. Kapitalzins und Arbeitslohn. Freiburg 1883. S. 20 f.

Die Vertreter der Moral müssen diese Lehre überall hinausrufen in die Welt, in die Paläste der Großen und Mächtigen. Sie müssen auf Gerechtigkeit dringen und in das Gewissen sprechen. Mit Almosen, mit Brosamen der Charitas, mit Zweckessen und Concerten zu Gunsten Verunglückter salviert man sich das Gewissen nicht, nur mit Gerechtigkeit.

Wert der Arbeit und Lohn der Arbeitskraft, das sind zwei grundverschiedene Dinge, wie das Marx[1]), der sonst sicher nicht zu den Unseren gehört, mit größter Klarheit dargestellt hat und so der Moral Gelegenheit gegeben, auf einen Punkt hinzuweisen, wo die Gerechtigkeit aussteht, nicht überall, aber vielfach. Nur vorübergehend sei erwähnt, daß damit nicht dem einzelnen Unternehmer sein Antheil für geistige Arbeit und was dazu gehört, genommen, der auch für ihn schwierige Concurrenzkampf unmöglich gemacht werden soll und will. Die Moral verlangt nicht mehr als sie muß; was sie aber muß, mit Ernst und Strenge, wovon sie nichts abhandeln lassen kann.

Marlo sagt an einer Stelle, daß die Theologen behaupten, das **Sittengesetz gebiete die Anerkennung jeder beliebigen Ordnung**. Das ist für die Theologie ebenso ungerecht als unwahr. Das Sittengesetz verwirft jede ungerechte Ordnung und dringt auf Herstellung einer gerechten. Daß dasselbe, wie seine Organe oft Rufer in der Wüste sind, das ist eine in der Verdorbenheit der menschlichen Natur und der Freiheit derselben zum Guten wie Bösen gegründete traurige Thatsache.

Den Communismus, also jenes System, welches selbst seine theoretischen Anhänger als im Großen undurchführbar erkannt haben, welches nur in der homöopathischen Verdünnung sozietären Geschäftsbetriebes im Kleinen heute in Betracht gezogen wird, können wir uns auf die Moral zu prüfen ersparen, resp. auf das bezüglich des Liberalismus Gesagte hinweisen. Nahezu gilt ja ganz dasselbe. Es könnte sich auch hier nur um Confiscation erworbener Rechte handeln für die Vergangenheit oder um deren Ausübung für die Zukunft.

---

[1]) Das Kapital. S. 526. Noch besser A. M. Weiß O Pr. a. a. O.

Was die Moral beiden Systemen zum Vorwurfe machen muß, was sie also in erster Linie auszustellen hat, das ist das vollendete Absehen von der Doppelstellung des Menschen als Bürger dieser und einer künftigen Welt. Dieser Vernachlässigung wegen stellen sie einen grundfalschen Satz über die Bestimmung des Menschen auf, was Wunder, daß von einer gedeihlichen Lösung nicht einmal die Rede sein kann. Zweck des Menschen ist ihnen physisches Wohlbehagen in möglichst und thunlichst hohem Grade. Natürlich stoßen sie da auf die Bestie im Menschen, welche niemals satis sagt, welche ein ungestilltes Verlangen nach Genuß zur Schau trägt. Dieses falsche Prinzip vom ausschließlichen leiblichen Lebenszwecke, das Absehen von einer nicht vermeidlichen Verantwortung, hat die Reichen dahin gebracht, ohne Bedenken soweit sie konnten die Arbeitsfrüchte den Schwächeren zu confiscieren, sie bringt die Armen dahin, nicht Gerechtigkeit zu verlangen, sondern einen Kampf um den streitigen Knochen der Genußmittel in Aussicht zu stellen, so bald und so weit sie können. Damit ist aber die soziale Frage verewigt. Denn auch im communistischen Staate würde es wieder Stärkere geben, selbst wenn auch die im Namen der Gesammtheit die Vertheilung der Arbeiten und Güter besorgenden Mandatare der Gesammtheit wechseln würden. Die menschliche Natur bleibt sich immer gleich. Wenn das irdische Wohlbefinden Zweck ist, so wird jeder soweit er kann nicht auf Entsagung, sondern möglichste Befriedigung denken.

Aus dem angeführten Grunde schon muß die Moral beide Systeme als in der Grundlage verfehlt, widerchristlich erklären. Es ist also wieder nicht wahr, daß die Moral jede Ordnung lobt oder ertragen wissen will, wie Marlo sagte.

Nicht übergehen wollen wir die Behauptung der Communisten, daß in ihrem Staate die Sittlichkeit zunehmen würde, da die frühe Eingehung der Ehe das Ventil gegen Ausschreitung sei und der Mangel an Ueberfluß die Wollust nicht aufkommen lasse. Gewiß ist es wahr, daß die Unsittlichkeit von beiden Extremen der Armuth und des Reichthumes kommen kann und kommt. Der Mangel erhebt die Wollust zum Gewerbe und entfesselt durch Vertierung die physischen Triebe, sowie der Ueberfluß die Wollust gebiert, aber die Versuchung würde auch im communistischen Staate nicht ausbleiben, um so weniger, als eben das Moralprinzip dort nicht gewahrt ist. Indessen eine Besserung können wir als möglich zugeben, im Vergleich zum liberalen Staate. Da aber dieser weit unter dem christlichen steht, so bleiben die obigen Bemerkungen trotzdem aufrecht.

Nicht leugnen können noch wollen wir, daß ein freiwilliges Zusammenfinden vieler Menschen, welche in Güter- und Arbeitsgemeinschaft leben wollen, nicht gegen die Moral verstößt, also in so ferne die freiwillige Einführung des Communismus nicht unmoralisch genannt werden könnte, mit Ausnahme jenes vorausgenannten falschen Grundprinzipes. Hingegen wenn durch eine Minorität die Majorität, oder auch die Minorität durch die Majorität in die Fesseln des Communismus gegen ihren Willen geschlagen werden wollte, so müßte die Moral protestieren. Der Mönch ist frei, der seine Gelübde ablegt und unter dem Gehorsame nun arbeitet und genießt, was ihm aufgetragen und vorgelegt wird. Der Hilflose, den man gezwungen hat, mag ganz dasselbe thun, er ist Sklave. An ihm ist Unrecht geschehen. Dieses Wenige scheint uns vollständig genügend, um das Verhältniß der Moral zu dem unpraktischen, aussichtslosen Systeme klar zu stellen.

Sozialistische Prinzipien.

a. Das Bevölkerungsgesetz und der Malthusianismus.

Unserem wiederholt ausgesprochenen Grundsatze gemäß gehen wir von jetzt an daran, die vorzüglichsten und irgendwie praktisch möglich scheinenden Probleme und Prinzipien jener Männer vorzulegen, welche weder den Liberalismus noch den Communismus pure et simple zur Abhilfe genügend glauben,

sondern suppletorische, manchmal dem Systeme, von dem sie
ausgehen, sogar entgegengesetzte Maßregeln zur Linderung resp.
Aufhebung sozialer Noth ausgedacht, begründet haben. In
manchen dieser Prinzipien stecken schöne fruchtbare Ideen und
steht nichts entgegen, daß sie heute oder morgen beherziget und
mindestens palliativ eingeführt werden.

Wir beginnen mit einer viel besprochenen, oft mißverstan=
denen, oft ganz widerchristlich gedachten und vertheidigten Idee:
des sogenannten Malthusianismus. Die beiden großen ökono=
mischen Parteien der **Physiokraten** (Quesnay, Turgot ꝛc.),
welche einzig die Natur als Güter=Quelle annahmen und alle
Arbeit nur als notwendiges Hilfsmittel betrachteten und der
Industrialisten (A. Smith, Ricardo ꝛc.), welche die Arbeit
als einzige Güterquelle betrachteten und die Natur nur als
Hilfsmittel betrachteten, rückten für ihre Anschauungen zwar mit
Gründen und Argumenten in's Feld, konnten jedoch nicht hin=
dern, ja fanden es theilweise nicht einmal ihres Amtes, der
Noth der großen Masse, der indirekten Sklaverei, wie Smith
sich ausdrückte, abzuhelfen. Die Physiokraten machten die Probe
zunächst in Frankreich, die Industrialisten in England. Die
Industrie stieg in letzterem Lande wunderbar, der Großbetrieb
beschäftigte von Jahr zu Jahr mehr Menschen. Aber während
nach industriellem Prinzipe die Arbeit einzige Güterquelle
sein sollte, jeder also, der arbeitete, im Stande sein mußte,
Arbeit aufzuhäufen d. h. Kapital[1]) zu bilden, redeten die That=
sachen eine ganz andere Sprache: es bildete sich das Lohngesetz.
Der Lohn bewegte sich um die Lebensnothdurft herum, stieg nicht
viel darüber, sank auch nicht viel tiefer. Man kam, d. h. der
herzlose Industrialismus kam zur Anschauung und Ueberzeug=
ung, daß er mit freien Arbeitern, welche sich selbst verpflegten,
viel besser fahre, als mit Sklaven, welche er schonen, im Alter
versorgen müßte u. s. w. Nur erkannte er, daß bei dem Auf=
und Abbewegen, der oft schnellen Steigerung industrieller Be=

---

[1]) Kapital ist aufgehäufte Arbeit. Siehe Ricardo. Grundsätze der
pol. Oeconomie 1817.

darfs eine Arbeiterreserve gebildet werden müsse, d. h. daß immer mehr Arbeiter auf dem Markte vorräthig wünschenswert wären, als man für gewöhnlich brauchte. Diese Arbeiterreserve[1]) zog man nur bei außerordentlich gesteigerten Anforderungen in Thätigkeit. Da diese Unglücklichen in längerer oder kürzerer Zeit der Arbeits- und Erwerbslosigkeit viel gelitten hatten und mit beiden Händen zugriffen, wenn Arbeit zu haben war, so wirkte das bloße Vorhandensein derselben schon den Lohn „Aller" herabdrückend. Die Unternehmer fanden keine Nothwendigkeit mit dem Lohne ihrer gewöhnlichen Arbeiter jemals sehr emporzugehen, was sie zweifelsohne bei größerer Nachfrage nach Arbeitskraft hätten thun müssen. Die wirthschaftlich Starken wußten: corrigere fortunam, sowie sie es heute und immer wissen. Um ein momentan effektives analoges Beispiel anzuführen, corrigieren heute die „großen" Börsianer die Werte (lucus a non lucendo), lassen sie steigen oder fallen, je nachdem es ihnen gut scheint. Die Kleinen kommen immer unter's Rad, wenn nicht gleich und augenblicklich, doch mit der Zeit. Die Schwachen sind Ausbeutungsobjekte, wo der Mammon herrscht.

Den industriellen Arbeitern ging es ebenso. Zwar hätte sich England damals insbesondere leicht durch Colonisation helfen können, viel Elend durch Ansiedelung des für gewöhnlich überschüßigen Menschenmateriales verhindern können, allein der Industrialismus des Liberalismus und Capitalismus, die sog. Manchesterdoktrin, war bereits zur Landespolitik geworden, von der man Größe und Glück erwartete. Man colonisierte daher nicht, im Gegentheile, man begünstigte die Vermehrung des Proletariats, indem man alle Schranken der Fortpflanzung wegräumte[2]). Der Arbeitsmarkt füllte sich mit Anboten von Arbeit und drückte die Löhne herab.

[1]) Die Armenpflege und die Arbeiterreserve. Von Frhrn. v. Vogelsang in Oester. Monatsschrift für Gesellschafts-Wissenschaft 1881. S. 561 f.
[2]) Nach Einführung der Erwerbsfreiheit, sagt Marlo a. a. O. S. 269 in der Note, sei die Bevölkerung von England in dem Zeitraume zweier Generationen um 100, in Frankreich um 50, und in Preußen in der Zeit einer Generation um 50 Prozent gestiegen.

Allerdings mußte man dafür die Arbeiterreserve in Armenversorgung nehmen, aber da man den Elenden nur genau so viel bot, um eben nicht zu verhungern, da man Werkhäuser mit Arbeitsverpflichtung darin und abschreckenden Hausordnungen einrichtete, damit die Armen ja sicher, bei leisester Möglichkeit, zur freien Arbeit übertreten möchten, so kostete diese pfiffige Politik immerhin weniger, als wenn man dem Gros der Arbeiter höhere Entlohnung hätte bewilligen müssen. Damals bildete sich die Ueberzeugung der liberalen Nationalökonomen, welche ihren und des Landes Vortheil als einen und denselben zu betrachten sich gewöhnten, daß die Wohlfahrt eines Landes ganz und gar von der Anzahl seiner Bewohner abhänge.

Es ist nicht zu läugnen, daß in Ländern mit ungenügender Bevölkerung und mit freiem Boden zur Ackerkultur die Vermehrung der Bewohner ein Schritt nach vorwärts ist, aber eben so sicher ist in genügend bevölkerten dieselbe Thatsache ein Schritt zurück, verbunden mit den übelsten Folgen für alle jene Schwachen, denen kein Convert gedeckt ist an der Tafel des Lebens. Wir dürfen als sicher voraussetzen, daß unseren Lesern die Nachrichten von den periodischen Hungerjahren in den übermäßig bevölkerten Ländern Indien und China bekannt sind. Ebenso werden sie wissen, daß die beiderseitigen Regierungen nichts Ernstes dagegen thun wollen, selbst wenn sie es könnten, um ihren Unterthanen das Leben zu fristen. Warum? Weil sie derlei zerstörende Ursachen als naturgemäße Correcturen der Uebervölkerung betrachten. Nun ist Indien, insbesondere aber China nicht Barbarei, sondern beide sind Länder der Ueberkultur. China hatte schon hohe Cultur als Europa noch bei weitem nicht auf der Höhe von heute stand. Leibnitz glaubte seinerzeit den Franzosen kein größeres Compliment machen zu können, als indem er sie die Chinesen Europas und die Chinesen die Franzosen Asiens nannte.

In diesem Lande ist man wegen Uebervölkerung bereits zum staatlich erlaubten oder nicht verpönten Kindermorde gekommen, hat also auf das edelste Gefühl, das der Kindesliebe verzichtet. Das mögen jene bedenken, welche es vielleicht undelikat finden, daß wir von einer Sache, wie die der Fortpflanzung der Menschen sprechen. Es scheint uns nicht am Platze und eine Sache voll Gefahren für die Sittlichkeit der Zukunft zu sein, wenn man vielleicht mit dem Einwande zur Hand ist, daß Gott der Herr für die Menschen sorgen werde, welche er erschaffen, er, der selbst des Sperlings nicht vergißt und die Raben speist.

Vater, Mutter zu werden, darf nicht als Sache des Leichtsinns, nicht, wie man sich leider angewöhnt hat zu sagen, als (Geschlechts-) Genuß betrachtet werden, es ist und muß als eine mit den höchsten Pflichten verbundene Angelegenheit der Ehe angesehen werden. Eheleute, welche nur der Sinnlichkeit sich ergeben und der Sorge um die Folgen sich entschlagen wollten, wären unmoralische Eheleute. Daß Gott es ist, der dem Menschengewächse Leben gibt, ist ganz sicher, aber deßwegen ist es ebenso wenig sein Wille, daß Kinder in die Welt kommen, welche in bitterer Noth, in Verwahrlosung leiblich und geistig zu Grunde gehen, als irgend ein lustiges uneheliches Paar die gewißen Folgen auf Gott schieben kann, weil ja auch das uneheliche Kind sein Leben von Gott hat.

Wir Menschen haben den Verstand von Gott, um ihn zu gebrauchen. Nicht Alles, was wir können ist immer und unter allen Umständen erlaubt. Es gibt einen freiwilligen Cölibat, und der ist die erhabenste der Tugenden, es gibt auch einen Cölibat der Nothwendigkeit, ihn zu übertreten, kann eine Tugend nicht genannt werden, da die That mit den traurigsten Folgen für die Nachkommen verbunden ist. Nicht umsonst steht in jeder Moral ein Kapitel von Elternpflichten. Zu diesen gehört auch die Sorge für den Unterhalt des Kindes, dessen Erziehung u. s. w.

Das Recht Vater zu werden, also zu heirathen hat naturgesetzlich jeder Mensch, wenn er die Pflichten erfüllen kann, die damit verbunden, die unzertrennbar sind. Man bleibe uns mit dem Einwande ferne, daß Kinder, die aus Noth frühzeitig sterben, Engelein werden, also den Himmel bevölkern und Gottes

Lob singen. Eine gute Folge kann aus einer schlechten That folgen, aber die That bleibt unmoralisch. Wir wissen, was man einwenden könnte oder wird: Es sei besser heirathen als in der Sünde leben. Sehr gut. Aber wo um's Himmelswillen steht geschrieben, daß für den vernünftigen Menschen nur diese Alternative bestehe? Man braucht naturnothwendig weder zu heirathen noch unsittlich zu sein. Die Fortpflanzungsfähigkeit und der Trieb supponieren keine Pflicht dazu.

Nun zu Malthus. Malthus war ursprünglich anglikanischer Geistlicher; nach einer Reise auf den Continent 1799 nahm er eine Professur der Geschichte und Oekonomie an und bekleidete sie bis zu seinem Tode. Mit Scharfsinn ausgestattet strebte er mit dem Muthe des Forschers nach den Ursachen sozialen Elendes. Er glaubte sie in der Uebervölkerung zu sehen. Zwar war das sogenannte Bevölkerungsgesetz vor ihm nicht unbekannt. (Siehe Seite 54.) Stewart, Herbert auch A. Smith schrieben schon darüber, ohne übrigens dasselbe in eine bestimmte Formel zu fassen.

Letzterer insbesondere verhehlte es nicht, daß die Zahl der Bevölkerung auf die Regulierung des Lohnes den größten Einfluß habe, daß der Lohn eben wegen der Zahl der Menschen immer sich um die absolute Lebensnothdurft herumbewege. Malthus war es vorbehalten, System in die Sache zu bringen.[1]) Er sprach den Satz aus: Der Uebervölkerungstrieb ist Ursache alles Uebels. Nach der bestehenden Ordnung erliegen die Armen dem Elende; theilten sie mit den Reichen erlägen Beide. Denn die Bevölkerung wächst in normalen Verhältnissen in geometrischer, die Produktion höchstens in arithmetischer Progression, ja während die Vermehrung ersterer keine Grenze, hat letztere eine sehr bestimmte nicht zu überschreitende.

Damals erhob sich in Volkskreisen ein Sturm des Unwillens gegen Malthus. Nur die Liberalen stimmten ihm bei, denn sie glaubten sich dadurch berechtigt, die Genußmittel um

---

[1]) „Versuch über das Prinzip der Bevölkerung".

so sicherer für sich zu behalten da dieselben für alle Menschen so wie so nicht für ausreichend erklärt worden waren.

Ehe wir Malthus weiter folgen, wollen wir mit einer Bemerkung nicht zurückhalten. Ob das Bevölkerungsgesetz wirklich sich so verhält, wie es der Engländer ausgedrückt hat, mag dahingestellt bleiben[1]). Es kommt gar nichts darauf an, in welchem Mißverhältnisse Menschen und die Mittel der Erhaltung stehen, es ist genug, wenn ein Mißverhältniß überhaupt besteht. Daran jedoch ist im Ganzen nicht zu zweifeln und die nennenswerthesten Nationalökonomen stimmen hierin überein. Momentan soll übrigens nicht geleugnet werden, daß viele Länder für sich betrachtet noch eine ganz ansehnliche Vermehrung der Einwohner vertragen könnten. Anders steht es in Industriezentren. Dort ist es ganz gewiß, daß die große Anzahl hungriger Mägen die allgemeine Noth der Arbeiterbevölkerung mit zur Folge hat.

Sehr richtig, obgleich für den Menschen und Christen, der in allen Menschen das Ebenbild Gottes sieht, betrübend, setzt Malthus auseinander, welche Folgen aus der Unmöglichkeit der Ernährung hervorgehen. Er scheidet **verhindernde** und **zerstörende Ursachen der Uebervölkerung**. Zu Ersteren gehört die sittliche That der Enthaltung, dann auch das Laster, zu letzteren Krieg, Mord, besonders aber das Elend in seinen vielen Gestalten (verschuldete und subjektiv unverschuldete Ursachen).

Malthus empfiehlt die unsittlichen Verhinderungsmittel nicht, sondern mahnt die Proletarier, sich durch freiwillige Enthaltung ein irdisches Paradies zu schaffen: je geringer an Anzahl, desto besser werde ihre Position sein. Zugleich gibt er ihnen Rathschläge, wie sie das durchführen könnten. Spät heiraten, erst dann, wenn sie die zur Erhaltung einer Familie nothwendigen Ersparnisse gemacht haben würden. Die weit ausgedehnte Zeit der Verlobung würde den Herzen auch Befriedigung geben und wenn Alle spät in die Ehe träten, wo die Fruchtbarkeit nicht mehr so groß sei, könnten mehr als heute die Freuden des Familienlebens sich verschaffen u. s. w.

---

[1]) Dr. Ratzinger a. a. O. S. 448 ff. stellt es in Abrede.

Die Moral hat hiegegen nichts einzuwenden, wohl aber regen sich Zweifel, woher das Proletariat die unstreitig nothwendige sittliche Kraft zu solchem Heroismus nehmen solle, insbesondere wenn von Religion in der Gesellschaft nicht die Rede ist. Malthus zweifelt darum schließlich selbst an der Durchführbarkeit seines Systemes und empfiehlt Belehrung des Volkes durch die Geistlichen, ja geht schließlich so weit, eine Aenderung des Unterstützungssystemes zu beantragen. Diejenigen, welche ohne Fond heirathen, verlieren ein Jahr nach Promulgierung der Systemänderung jede öffentliche Unterstützung, die Eltern unehelicher Kinder vom Anfange an. Der unverschuldeten Armuth müsse man zu Hilfe kommen, nicht der verschuldeten.

Letzterer Vorschlag mag uns um so sonderbarer vorkommen, als nach alter Sitte die Bettelleute im weiteren Sinne besonders mit Kindern gesegnet zu sein und auch die Zahl derselben als Grund gesteigerter Betheilungswürdigkeit und Bedürftigkeit an alle milden Herzen zu rufen pflegen. Die Armen, die nichts zu verlieren haben, die selbst immer in Noth sind, die kümmern sich nicht darum, wie es ihren Kindern ergehen mag, sie denken nicht so weit, um einzusehen, daß die Uebervölkerung das Brot verkleinert, wegnimmt.

Malthus, Anhänger des liberalen Staates, hatte den traurigen Muth, vorzuschlagen, die Kinder zu bestrafen, langsam tödten zu lassen, als sei geboren werden ein Verbrechen. Denn darauf läuft ja offenbar die Versagung der Unterstützung hinaus. Und zwar wäre dieser Tod, der langsame Hungertod, offenbar eine der grausamsten Hinrichtungsarten. Da ist der Chinese, der die Kinder, die er nicht ernähren kann und will, den Schweinen vorwirft, noch menschlicher, ja der Engländer Marcus, der die schmerzlose Vertilgung der überflüssigen Proletarierkinder in Kohlensäure empfahl, könnte dem gegenüber noch fast Philantrop genannt werden. Nein, hier muß die Moral zu protestieren anfangen, muß protestieren gegen Malthus, und überhaupt gegen den liberalen Staat, der im Grunde gesetzmäßig das macht, was Malthus im Einzelnen anempfahl.

Der liberale Staat straft die Kindsmörderinnen, — mit Recht vom Standpunkte des Christenthumes — aber er verurtheilt, um der Arbeiterreserve für seine Capitalisten nicht verlustig zu gehen, Millionen zum peinlichen langsamen Hungertode. Da war die alte, monopolistische Ordnung weitaus besser, menschlicher, wenngleich sie die Freiheit beschränkte. Die Uebervölkerung wurde durch ihre Institutionen verhindert; die frühzeitigen Ehen der Bauern durch den Gutsverband und die Hörigkeit, die der Stadtbewohner durch die, Zunft- und Gemeindeverfassung. Die auf Kleinbetrieb berechneten Erwerbssphären beschränkten überhaupt das besitzlose Proletariat, während der liberale Staat alle Bande löste. Noch wäre es vielleicht möglich gewesen, wenigstens die äußersten Folgen hintanzuhalten, aber der Liberalismus war Gottes und der Menschen Feind, und löste und untergrub die Bande der Religion, inaugurierte die Zügellosigkeit. Für sich lernte er aus Malthus, leider nur im schlechten Sinne: der Neomalthusianismus, das Zweikindersystem, wie es in den Kreisen der sog. Bourgeoisie immer mehr adoptiert wird, erhält das Vermögen in einer Hand oder wenigen Händen, während auf der anderen Seite Laster und Prostitution Ersatz bieten müssen, und Proletarierweiber und Töchter oft in erster Linie von über ihrem Stande Stehenden verführt werden. Die Kinder solcher Verhältnisse bleiben den Proletariern und vermehren dort die Concurrenz, denn wie der Codex Napoleon so vielbedeutend sagt: Das Nachforschen nach dem Vater ist untersagt.

Der Malthusianismus, wenn er auch zu Zeiten sich mit einem Moral-Mäntelchen umhüllt und züchtig dareinschaut, ist von Seite der christlichen Moral zu verwerfen. Wenn es wahr ist, und wir sowie kein Statistiker kann momentan für einzelne Staaten, in der Zukunft nach menschlichem Ermessen für alle, das Bevölkerungsgesetz bestreiten, daß ein Uebermaß von Menschen physisch und sittlich verderblich wirkt, so muß die Gesellschaft Institutionen schaffen, event. solche aus einem vergangenen Wirthschaftsprinzipe wieder aufnehmen, welche dem entgegen wirken. Aber die Moral darf nicht verletzt werden, verhindernde Mittel bei bestehenden Ehen, Prostitution dürfen ebenso wenig geduldet werden, als außerehelicher Geschlechtsumgang. Vor Allem muß die strenge christliche Lehre, welche die Jungfräulichkeit, den Cölibat durch Wort und Beispiele erhabenster Art anzeigen, liebenswürdig machen kann und zur Durchführung des menschlicherweise schwer zu Leistenden die Gnadenmittel zur Hand hat, oben und unten wieder zur Geltung gebracht werden. Der Abfall vom Christenthume bringt nicht blos Sünden, bringt Elend, Noth und Verzweiflung.

Wieder muß es eine Sittenpolizei (im guten Sinne) geben, eine Gesetzgebung, welche der Verführung die Gutmachung der Folgen von Rechtswegen zuerkennt, in Wirksamkeit treten; die sinnenbethörenden und reizenden Bilder und Bücher dürfen kein erlaubtes Genußmittel für die junge, halbflügge Welt bilden. Die Romane mit erotischen Phaseleien sollen der Jugend nicht die Liebe zur Reinheit nehmen und als Folge der sinnlichen Liebe das critis sicut Deus proclamieren, dann wird an freiwilligen, reinen Cölibat zu denken sein. Heute sind uns die freiwillig unverheirathet und sittlich bleibenden jüngeren Geschwister in Bürger- und Bauernhäusern leider schon fast unbekannt, und doch könnten derlei selbstentsagende Seelen ein wichtiges Agens in der sozialen Frage bilden.

Wieder auf schon einmal Gesagtes zurückgreifend fügen wir noch an: Die Bestimmung des Menschen ist nicht eine einseitig diesseitige; das irdische Wohlbefinden ist eine wünschenswerte Sache, aber nicht Zweck, um so weniger einziger Zweck des Menschen. Dieß festgehalten, in Herz und Verstand erfaßt, haben wir ein sicheres Fundament, auf dem sich die Welt der Entsagung aufbaut und — die Uebervölkerung wird überwunden.[1])

---

[1]) „Es gibt keine Uebervölkerung schreibt ein Anonymus in den Christl. soz. Blättern von Bongartz in Neuß 1881 S. 358 ff. Kommt oder käme eine vor, so ließe sich durch Colonisation abhelfen". Ja wohl ließe. Aber die Mächtigen von England verweigerten wiederholt die Mittel dazu. Erschwerung der Ehe zugleich mit Förderung sittlich ernster Lebensanschauung bleibt begründet. Mit Gründen belegt dieselbe Anschauung Broix in dens.

b. Sozietäres Erwerbssystem.
Lassalle.

Mit der egoistischen Ausbeutung, welche das liberale Erwerbs- und Unternehmersystem den Arbeitern gegenüber anwendete, deren Arbeitsrente bis auf den tiefst möglichen Grad herabdrückend, sie ferner all' den Folgen willkührlicher Spekulation preisgebend, hängt die Idee der sozietären Geschäftsform zusammen. Diese wurde, weil man sehr wohl einsah, daß der Kleinbetrieb in der Industrie nicht mehr lebensfähig weil nicht concurrenzfähig sei, jener Kleinbetrieb, der von einem einzelnen Individuum, von einer einzigen Familie gepflegt wird, täglich populärer. Die bitteren Folgen auf der anderen Seite, welche die Menge e i n e m kapitalstarken Unternehmen dienstbar machte, ohne Anspruch auf entsprechenden Gewinn, ja nur völlige Arbeitsvergütung zu haben, legten es nahe, den Großbetrieb beizubehalten, aber die Vortheile desselben Mehreren, allen dabei Betheiligten zuzuwenden, mit einem Worte, alle einen bestimmten Industriezweig, eine bestimmte Landstrecke cultivierenden Individuen zu einen, so daß sie gemeinsam arbeiteten, und zum Schlusse den ganzen Gewinn unter sich vertheilten. Zwar verkannte man nie, daß individuell in dem sozietären Betriebe nicht die höchste Befriedigung liege. Individuell möchte jedermann ganz unabhängig sein, in seinem Geschäfte, seiner Landwirthschaft. In dem sozietären Betriebe, worunter selbstverständlich nicht die heute ohnehin bestehenden liberalen Aktiengesellschaften ꝛc. verstanden sind, bei welchen eine größere oder geringere Anzahl Kapitalisten so und so viel Arbeiter beschäftigen, sondern wo alle Theilhaber zugleich, um bei dem Ausdrucke zu bleiben, Aktionäre und Arbeiter sind, muß jeder Einzelne sich Beschränkung seines Willens auferlegen. Er muß sich der Majorität

---

Bl. 1882 153 ff. Nach Broix ist eine Uebervölkerung nicht zu fürchten, ja, würde eine Abnahme auch den Ueberlebenden schädlich sein. — Wenn dem also ist, und für Gegenden, in welchen nicht etwa eine Industrie wasserkopfartig angeschwollen ist, mag ja B. recht haben, wie elend müssen die Einrichtungen der Gegenwart sein, daß man über den Segen der Menschenvermehrung klagen muß.

fügen, muß arbeiten, muß einen Geschäftsbetrieb oder Abschluß genehm halten, den die Majorität beschließt, resp. den die auf kürzere oder längere Zeit gewählten Offizialen der Sozietät für gut finden. Das ist seine Beschränkung, die aber sicher nicht so drückend ist, als die der unter einem Unternehmer beschäftigten Löhner.

Was dann die Hauptsache ist, der ganze Wert der Arbeit kommt hiebei den Arbeitern selbst zu statten, die Kapitalrente fällt weg, resp. die Genossen sind selbst Kapitalisten und beziehen dieselbe. Die Vortheile der Association springen so in die Augen, daß wir uns über deren vielfältige Anwendung nicht zu wundern brauchen. Auch das Kapital selbst benützte die Idee in seiner Weise; mehrere mittelstarke oder kleine Kapitalisten gaben ihr Kapital zusammen, um den Betrieb zu vergrößern und andere kleinere Mitconcurrenten zu Tode zu concurrieren d. h. sie zur Einstellung selbständigen Betriebes zu zwingen. Das Kleingewerbe ferner suchte in der Zeit, wo es den Todeskampf mit dem Großkapitale aufnehmen mußte, sich durch Associationen zu stärken, und durch Cumulierung seiner winzigen Kapitalien einen Großbetrieb möglich zu machen. In diesem Punkte war es besonders L. Blanc[1]), der die Associa-

---

[1]) L Blanc geb. 1813 in Madrid, kam zur Zeit der Julirevolution als unbekannter Jüngling nach Paris, sich durch Schreiben, Lektionengeben u. A. ernährend. Er lernte die liberale Gesellschaft kennen und verachten und schwor der liberalen Bourgeoisie den Untergang Im Laufe eines Dezenniums gehörte er zu den einflußreichsten Publizisten; sein Werk: „Geschichte der zehn Jahre" untergrub den Julithron. „Die Geschichte der franz. Revolution" deckte alle Blößen des Liberalismus auf, aber das einflußreichste Werk blieb: die „Organisation der Arbeit" Im Jahre 1848 Mitglied der Regierung konnte er für Realisierung seiner Ideen wirken, sie aber nicht durchsetzen. Er mußte in's Exil nach Belgien. Nach dem Sturze des Kaiserthums erweiterte sich sein Einfluß auf die Maßen des Volkes, ohne indessen Letzterem zum Siege zu verhelfen Die Macht des Kapitals und der Kapitalisten, die den Liberalen günstige Wahlbeeinflußung, die Käuflichkeit der liberalen Presse rc. errangen den Sieg für den Liberalismus: „Geld regiert stets die Welt" und die Ideen regen nur da und dort auf. An Blanc Leichenbegängnisse † 1882 betheiligte sich ganz Frankreich, auch die liberale Bourgeoisie, in gewohnter Heuchelei.

tionen systematisch einführen und dadurch den dabei Betheiligten wirthschaftliche Unabhängigkeit und Anspruch auf den vollen Ertrag ihrer Unternehmungen zumitteln wollte. Die Hauptschwierigkeit, diesem Geschäftsbetriebe Eingang in die Gesellschaft zu verschaffen, fand man immer in der Bildung und Herbeischaffung des nothwendigen Kapitales. Tausende von Händen fanden sich leicht, auch ein im Geschäfte erfahrener Kopf zur Leitung, aber mit Kopf und Händen bildet man keine concurrenzfähige Association.

Der Trieb zu Associationen steckt tief in dem Schwachen, dem sie als das letzte Brett der Hoffnung erscheinen. Im Jahre 1848 einigten sich in Paris 30000 Schuhmacher zum sozietären Betriebe und begehrten von der Regierung die nothwendigen Kapitalien, wurden jedoch abgewiesen. 20000 Schneider hatten sich ebenfalls associiert, einen Geschäftsbetrieb inauguriert, ja mit der Stadt Paris selbst bereits einen Vertrag über Lieferung von 100000 Uniformen abgeschlossen, der von der Stadt später nicht gehalten, sondern mit 30000 Fr. Entschädigung gelöst wurde, während die Schneider zugleich aus dem Versammlungs- und Arbeitslokale delogiert wurden. Auch andere Corporationen wollten sich bilden, vermochten jedoch nicht gegen den Ring aufzukommen.

Diese Erfahrungen veranlaßten einen deutschen Associalisten, Ferd. Lassalle, sein soziales Programm mit einem politischen zu verbinden. Er sagte: Ehe die sozietäre Geschäftsform, d. h. Errichtung von Genossenschaften, sogenannte „Productiv-Associationen"

Der Grundzug seines Systems ist ein Mittelding zwischen Communismus und Liberalismus: Jeder produciert nach Kräften und consumiert nach Bedürfniß. In der Gesellschaft muß es wie in der Familie gehen: auch der Schwache muß ohne besondere Entbehrungen leben können, die Liebe der Uebrigen muß ihn erhalten. Der Befähigste hat nicht größere Rechte sondern Pflichten. Es gibt eine Arbeitspflicht und ein Recht auf die Arbeitsmittel. Die Produktionsmittel sind gemeinschaftliches Eigenthum, die Consumtionsmittel individuell. Die Familie bleibt also bestehen, allerdings ohne Erbrecht. Die Industriezweige werden sozietär betrieben, denn keine Regierung wäre im Stande, die ganze Produktion zu leiten. Siehe Marlo II. S. 527, ferner Schäffle Kapit. u. Soc. S. 212.

möglich sei, müsse die Staatsverwaltung in dieser Idee günstige Hände kommen. In Folge dieser Anschauung mahnte er die Arbeiter vorerst politisch thätig zu sein, allgemeines gleiches Wahlrecht zu begehren, wodurch sie offenbar zur Majorität kommen müßten und dann im Stande wären, aus den Taschen der Reichen so viele Millionen herauszubekretieren als nöthig scheinen würden. Der Wille der Majorität sei das zukünftige Recht, das öffentliche Gewissen. Lassalle stellte sich auf liberalen Standpunkt, den Liberalismus mit den eigenen Waffen schlagend.¹) Die positiven Vorschläge Lassalles, die übrigens heute in der Form, welche er vor Augen hatte, als nicht durch-

---

¹) Lassalle stammte aus einer jüdischen Familie in Breslau geb. 1825, starb 1864 in Folge eines Duells, nachdem er 1863 der Gründung eines allgemeinen deutschen Arbeitervereines seine Kräfte gewidmet, seine fascinierende Beredsamkeit, seine glühende Begeisterung und auch seinen Haß gegen die liberale Bourgeoisie zum Schrecken der Gesellschaft gezeigt hatte. Von seinen Schriften ist besonders: Herr Bastiat-Schulze v. Delitsch der ökon. Julian oder Kapital und Arbeit, Berlin 1864 zur Kennzeichnung seiner ökonomisch-politischen Richtung beachtenswerth. Der preußische Fortschrittler, ehem. Kreisrichter Schulze hatte in seinem „Arbeiterkatechismus" so ziemlich den Franzosen Bastiat ausgeschrieben. Er empfahl den Arbeitern darin die Selbsthilfe unter Beifall der liberalen Kapitalisten. Spar- und Consumvereine sollten den Arbeitern es möglich machen, für sich selbst, auch in der Zeit der Noth zu sorgen. Als echter Bourgeois übersah Sch. Alles, was aus der Durchführung seiner Ideen folgen, wer den Nutzen haben würde. Leben die Arbeiter billiger durch die Consumvereine bei En-gros Einkauf, so sind sie im Stande bei kärglicherem Lohne zu existieren; Arbeitsconcurrenz wird daher zur Unterbietung der Arbeitskräfte führen und das Kapital wird den Nutzen haben. Sparvereine haben nur einen Sinn, wenn der Lohn über dem Lebensniveau steht. Ein Angriff auf Schulze war daher nicht schwer. Lassalle machte ihn mit dem ihm eigenen herausfordernden Tone.

Zur Charakterisierung führen wir nur eine Stelle an, in der sich L. gegen die Kapitalisten wendete. Deutsche Oekonomisten hatten die Bildung des Kapitalvermögens durch „Entbehrung" zu erklären versucht, als ob nur derjenige Kapital sammeln könne, der sich selbst Entbehrungen auferlege. Diese Idee war nicht ganz unrichtig, aber ungeschickt angewendet. Kapital mag ja die Summe der Entbehrungen enthalten, aber sicher nicht die des Ansammlers allein, des Kapitalisten, sondern in besonders harter Weise der Arbeiter, welche auf den niedersten Lohn gesetzt sind, während der sparende Kapitalist persönlich sich keinen Zwang anthut.

führbar erkannt sind, laufen darauf hinaus, das Kapital zum
todten dienenden Instrumente zu degradieren. Nicht ferner soll
an den Unternehmer für seine Produktionsvorschüsse, der ganze
Produktionsertrag mit Ausnahme des Lebensunterhaltes der
Arbeiter abgeliefert werden. Darum muß der Staat einschrei=

Lassalle höhnte: Der Kapitalprofit ist Entbehrungslohn! Glückliches
Wort! Unbezahlbares Wort! Die europäischen Millionäre Asketen, indische
Büßer, Säulenheilige, welche auf einem Beine auf einer Säule stehen, mit
weit vorgebogenen Oberleibe und Arm und blassen Mienen einen Teller
in's Volk streckend, um den Lohn ihrer Entbehrungen einzusammeln! In
ihrer Mitte und hoch über alle seine Mitbüßer hinausragend als Haupt=
büßer und Entbehrer das Haus Rothschild! Das ist der Zustand der Ge=
sellschaft! Wie ich denselben nur so verkennen konnte!

Und wenn das noch ein Anderer gesagt hätte, ein Banquier etwa!
Aber was Sie nur für ein Prasser und Völler Ihr Lebtag gewesen sein
müssen Herr . . .! Denn meine Freunde sagen mir, daß Sie gar keine
Kapitalien haben und ein mäßig reicher Banquier würde nicht die Kosten,
die er für eine anständige Mahlzeit aufzuwenden gewohnt ist, hingeben um
den jährlichen Entbehrungslohn (Kapitaleinkommen) einzutauschen, den Sie
beziehen! Und was nur diese Arbeiter für Völler und Prasser sein müssen,
wo sie insgeheim ihre Villen, Landhäuser und Maitressen haben und ihre
Orgien feiern müssen, daß sie so gar keinen Entbehrungslohn beziehen!
Doch Scherz bei Seite, denn es ist nicht möglich, hiebei zu scherzen und
selbst der ingrimmigste Scherz reicht nicht aus und verwandelt sich noth=
wendig von selbst in den Ausbruch offener Empörung! Es ist Zeit, es ist
Zeit, die Stimmen dieser Castraten durch den rollenden Ton groben Basses
zu unterbrechen! Ist es erhört — während es sich mit dem Kapitalprofit
verhält, wie wir schon hinreichend gezeigt haben und noch zeigen werden,
während das Kapital der Schwamm ist, welcher allen Arbeitsertrag und
Arbeitsschweiß in sich aufnimmt und den Arbeitern nur des Daseins
Nothdurft übrig läßt, hat man den Muth den Kapitalprofit, den Arbeitern
als Entbehrungslohn auszugeben? Arbeitern, armen Arbeitern, dar=
benden Arbeitern hat man den Muth, diesen unendlichen Spott, diesen bei=
ßenden Hohn öffentlich in's Gesicht zu werfen! Giebt es gar kein Gewissen
mehr und ist die Scham zu den Bestien entflohen! Und so weit hat man
bereits die Verdummung und Entmannung des Volkes mit Erfolg betrie=
ben, daß die Arbeiter diese Verhöhnung mit Geduld anhören. Warum
hat das Gesetz keine Strafe für Dinge dieser Art? Die Weltgeschichte
kennt keine so elende, so pfäffische Heuchelei wie diese. Die Pfaffen des Mit=
telalters, gaben dem Volke wenigstens die Hoffnung auf das Jenseits. Ihr

ten und muß den Produktiv-Associationen den Staatskredit zur Verfügung stellen. Die Arbeiter werden dadurch Unternehmer und theilen den Gewinn d. h. die Frucht ihrer Arbeit bleibt ihnen. Nach L. wäre für den Staat kein Risico mit diesem Vorgehen verbunden. Er würde in jeder Stadt nur einer Association desselben Geschäftszweiges Kredit geben, in welche Alle eintreten könnten. Diese Associationen könnten sich im ganzen Lande durch Kredit- und Assecuranzverband gegenseitig vor dem Niederconcurrieren schützen, hätten zugleich die Möglichkeit den Bedarf an Produkten kennen zu lernen und so die Ueberproduktion abzuhalten.

Was den ökonomischen Werth der Lassalle'schen Theorien betrifft, so nennt Schäffle dieselben eine Chimäre, weil die Magenfrage nirgends zur Bevölkerungsfrage in Beziehung gebracht sei. Mit andern Worten, es gäbe auf diese Weise keine Abhilfe der sozialen Noth, außer auf kurze Zeit, weil eine Besserung der materiellen Lage der Masse, die durch die Produktiv-Associationen hervorgebracht würde, die Vermehrung der Bevölkerung nach sich ziehen würde, bis eben wieder Alle Noth leiden oder die Stärkeren auf Kosten der Schwächeren den größeren Theil der Consumtionsmittel an sich reißen würden, es dem Fatum überlassend, den Ueberschuß der Bevölkerung auszurotten.

Der circulus vitiosus der menschlichen liberalen Wissenschaft steht also wieder vor uns: Alle Menschen sind bestimmt, sich irdisch wohlzubefinden; sobald es aber eine Generation erreicht haben wird, entschwindet durch die Vermehrung der Bevölkerung das Glück und die Tantalusqualen beginnen von Neuem.

unerreichbare Heuchler übertrifft alles, was je die pfäffische Heuchelei des Mittelalters geleistet". Diese Probe dürfte genügen und erklären, daß L. in Wahrheit einen großartigen Erfolg seiner agitatorischen Thätigkeit aufweisen konnte. Außer dem genannten Werke schrieb er: Die Philosophie Herakleitos des Dunkeln von Epheios 1858, 2 Bd. Das System der erworbenen Rechte. 2. Bd. und eine Anzahl Gelegenheitsschriften.

Ob Lassalle an diese Eventualität gedacht, oder ob er es den Associationen überlassen wollte, daß sie sich, etwa so wie die Innungen und Zünfte gegen Ueberschuß und Selbstconcurrenz schützten, findet sich in seinen Werken nicht angegeben. Wir wollen es voraussetzen. So bleibt uns nun nur noch die Frage, nach dem Verhältnisse dieses sozietären Prinzipes zur Moral.

Die Antwort liegt nahe: die sozietäre Erwerbsform enthält kein Unrecht, im Gegentheile sie nimmt sich des schwachen Individuums, welches im liberalen Status der Erwerbsfreiheit nur auf sich angewiesen ist, an, sie ist mit einem Worte eine Ordnung. Ob sie die beste Ordnung ist, ob nicht, wie später die Rede sein wird, eine neue Form der Zünfte, bei welcher auch die Mitglieder eines Geschäftszweiges in Corporationen zusammentreten, ohne den singulären Geschäftsbetrieb aufzugeben, genügend sei, dieselben Erfolge hervorzubringen, wollen wir weder behaupten, noch auch mit Argumenten weiter bekämpfen. Wir glauben an einige Erfolge solcher Zünfte beim Handwerke, bei jenem nemlich, das für den Localbedarf arbeitend, den Großbetrieb weniger in der Concurrenz spürt, an keine bei den übrigen Industriezweigen, sondern Nützlichkeit ja Nothwendigkeit von Associationen zum Großbetriebe mit Maschinen unter einheitlicher Leitung.

Hier ist ferner noch die Frage kurz anzudeuten, ob diese Innungen bez. Associationen von Seite des Staates geschaffen, geleitet oder controliert werden sollen, oder ob man den Staat außer Spiel lassen, die Gründungsaufgabe den Geschäftsgenossen, der Freiwilligkeit überlassen, die Aufbringung der Produktiv-Vorschüsse der Charitas überantworten, von ihr hoffen könne. Die Männer der Volkswirthschaft spalten sich in zwei Lager; die Einen kennen nur einen sozialen Staat, ihm nicht blos das Recht, sondern die Pflicht allseitigen Eingreifens, Ordnens zusprechend; die Anderen fürchten die Staatsomnipotenz, fürchten für die Freiheit der Individuen. Sie fürchten einen Zustand, in dem der Mensch nichts, der Staat Alles wäre, und bestreiten deßwegen das Recht der Einmischung des Staates, oder die Nützlichkeit und Ersprießlichkeit derselben.

Wir deuten unsere Anschauung hier nur an, die auf einen Mittelweg hinausgeht.

Der Staat, oder wie Manche wollen, die Gesellschaft muß suppletorisch eintreten, die Prinzipien der Moral zur Anwendung bringend. Bloße Willkühr, vorgewendete Nützlichkeit und die vom Staate so gerne geübte Omnipotenz können bei einmal zugegebener Einmischung sicher zu üblen Resultaten führen. Aber zuschauen, ruhig die Ausnützung der Schwachen durch das liberale Prinzip und seine Vertreter mitansehen, darf der Staat, die Gesellschaft trotzdem nicht. Es gibt einen sozialen Wirkungskreis. Die Kirche, selbst wenn sie frei wäre, wie sie sein sollte, wäre nicht immer, nicht überall im Stande, den Egoismus, das versuchte und durchgeführte Unrecht von der Gesellschaft fernzuhalten. Ohne Gerechtigkeit besteht kein Staat auf die Dauer.

Gerechtigkeit, Gerechtigkeit
Ist der kunstvolle Bau der Welt,
Wo Eines Alles, Alles Eines hält,
Wo mit dem Einen Alles stürzt und fällt.[1]

Da deßwegen die Frage nach den sozialen Aufgaben des Staates eine zweifellos wichtige ist, von deren richtigen Beantwortung viel abhängt, wollen wir gleich ein eigenes kurzes Kapitel darüber hier anfügen und die Anschauungen von Autoritäten vorbringen.

c. Der soziale Staat und seine Aufgaben.

Hitze, Vogelsang, Perin, Dr. Ratzinger.

Franz Hitze schreibt in einem kleinen aber inhaltsvollen Werkchen[2]: „Die Verbindungen der Zukunft . . müssen mehr

---

[1] Siehe Schäffle a. a. O. S. 123, wo gesagt wird, daß der Staat eine sehr wichtige ökonomische Aufgabe habe, daß er nicht bloß für Unternehmer, sondern auch Arbeiter intervenieren müsse, daß aber Lassalles Vorschlag von Umwandlung des Privatkapitalismus in genossenschaftlichen Kapitalismus durch Umwandlung des Staates in eine Generalgründungsbank für Produktivgenossenschaften ein Ungedanke sei.

[2] Die Quintessenz der sozialen Frage. Paderborn. Bonif. Druckerei.

gemacht werden, als daß sie sich selbst machen. Letzteres umsomehr, als Corporationsgeist, wie er der Jugendperiode der Völker eignet, in der Periode der Aufklärung und des Individualismus fast ganz verflüchtiget ist. Auf eine organische, instinktive, unmittelbare Reorganisation der Gesellschaft von Unten herauf, die gerade die mittelalterliche auszeichnete, dürfen wir nicht mehr rechnen. Sie kann nur mehr vom Staate (Reiche) ausgehen, natürlich unter Entgegenkommen und Mitwirkung der Betheiligten. Mag das unangenehm sein, seine Gefahren haben: es ist einmal so."

Dieselbe Anschauung vertritt der unsern Lesern bereits gut bekannte Freiherr C. v. Vogelsang[1]), der in den Abhandlungen: „Ueber die Grenzen des Staatssozialismus", „Staatssozialismus und soziales Königthum" u. a. mit Geist, Gelehrsamkeit und Begeisterung für die Idee einsteht: der Staat müsse eine soziale Wirksamkeit entfalten, weil alle anderen möglichen Faktoren ohnmächtig seien.

Nicht verhehlen wollen wir, daß preußische, belgische, französische Katholiken anderer Ansicht sind, daß sie, die Freiheit der Arbeit als Prinzip vorschiebend, wahrscheinlich durch trübe Erfahrung über das Bedenkliche der Einmischung des liberalen Staates belehrt, die sozialen Schäden von der Gesellschaft ohne Staat entfernt wissen wollen. Durch die Kirche, die Charitas, corporative Verbände, welche mit Freiheit eingegangen und christlich verwaltet (Gebrüder Harmel zu Val de Bois) die Lohnfrage nach dem Systeme der Gerechtigkeit ordnen, hoffen sie Erkleckliches, wenigstens das Nöthige zu Stande zu bringen. Dieser Idee weihte besonders Ch. Perin, w. Professor in Löwen seine Feder und sein Wissen. In einem erst kürzlich deutsch übersetzten Werke[2]) sagt er: .... einige haben in ihrer

---

[1] Wir machen hier besonders auf die von ihm herausgegebene Oesterr. Monatsschrift für Gesellschafts-Wissenschaft, Wien bei Kirsch (seit 1879), aufmerksam, da die Nothwendigkeit, in der wichtigsten Frage der Zeit auf dem Laufenden zu sein, niemand bestreiten wird und die genannten Blätter in jeder Beziehung auf der Höhe der sozialen Wissenschaft stehen.

[2]) Die Lehre von der Nationalökonomie s. einem Jahrhundert. Freiburg 1882.

Einbildung gefolgert, daß die Freiheit innerhalb der wirthschaftlichen Ordnung eine von Natur übelwirkende Macht sei, mit der man brechen und deren ungeordnete Wirksamkeit man durch regulierende und restriktive Einwirkungen der öffentlichen Gewalten ersetzen müsse. Unter der Herrschaft dieses Vorurtheils sah man eine gegen die Freiheit der Arbeit sich wendende Reaktion entstehen, deren Folgen politisch wie wirthschaftlich gleich verderbnißvoll hätten werden können. Das reifere Nachdenken hat die Mißverständnisse schnell zerstreut, zu denen eine oberflächliche Anschauungsweise der Dinge den Anstoß gegeben. Man hat es begriffen, daß der Bruch mit der Ordnung der Arbeitsfreiheit nicht allein die Auflehnung gegen die wirthschaftlichen Nothwendigkeiten in sich schließt .... sondern daß auch dieser Bruch den Bruch mit dem unseren Gesellschaften durch die christlichen Ideen vermittelten Fortschritt vollende und mit Allem, was seit zehn Jahrhunderten unter der Herrschaft der christlichen Ideen für die Freiheit der Personen und die Freiheit des Eigenthums geschehen ist. ... Die Gefahr ist bemerkt und die Idee der deutschen Kathedersozialisten, von denen sie ausgegangen, belassen (verlassen?) worden."

Die letzte Behauptung Perin's mag für Belgien ihre Richtigkeit haben; wenigstens sagt Vogelsang, daß die kathol. Partei dort, als sie am Ruder war, sich jeder Milderung der schmachvollsten Ausbeutung der Arbeit durch das Kapital sorgsam enthielt und in der erbaulichsten Predigt von der christlichen Freiheit der Arbeit fortfuhr, während Weiber und Kinder in den Bergwerken bei ungemessener Arbeitszeit sich nur Hungerlöhne verdienten. Und Schäffle macht die Bemerkung: „Man lähmt entrechtete und ausgebeutete Volkmassen mit frommen Opiaten oder fertigt sie mit Brosamen ab, um eine bessere öffentlich rechtliche Grundorganisation der Volkswirthschaft vorenthalten zu können."

Treffend unterscheidet Dr. Ratzinger[1]) zwischen dem, was bisher der Staat gethan, und dem, was er thun sollte. Als

---

[1]) A. a. O. S. 594 f.

echter Nachwächterstaat kümmerte er sich um das wirthschaftliche Gebiet, das ihn sehr viel anging, den Liberalen zu liebe gar nicht, hingegen um Kirche, Vereine und Genossenschaften sehr viel, ihre Wirksamkeit dadurch lahmlegend. Das Umgekehrte sei das Richtige. Dann werde von innen heraus durch Erstarkung des religiös-sittlichen Lebens, und die stattlichen Maßregeln Heilung erfolgen.

Gleichfalls treffend zeigt Vogelsang, wie einseitiges Vertrauen und Hoffen ganz unberechtigt sei. Die Kirche, einst mächtig, bewährt mit dem starken Arme der weltlichen Fürsten zur Ausführung ihrer sozial-ethischen Mission, steht heute ganz anders da. Leichter fand sie bei dem Heidenthume Anklang als bei der jetzigen in Materialismus versunkenen Generation, bei den von der Fäulniß einer gottfeindlichen Zivilisation zerfressenen Geschlechtern.

V. ist selbstverständlich weit entfernt, etwa einen communistischen Staat anzuempfehlen, dem Staate den Betrieb aller oder der meisten Geschäfte aufzuladen. Er geht in diesem Punkte lange nicht so weit als A. Wagner[1], der jene Zweige dem Staate zugeschrieben wissen will, welche dieser weniger kostspielig herstellen könne. Nein, V. sieht unter dem sozialen Staate, Staatssozialismus, das autoritative Eingreifen auf dem legislatorischen oder polizeilichen Wege in die Privatbetriebe, die Aufsicht über dieselben, namentlich über die soziale und sanitäre Seite derselben. Der Staatssozialismus ist der Gegner des Laissez aller, er schützt diejenigen, hilft ihnen zum Rechte, welche sich selbst nicht schützen können. Wohl kann der Staat, resp. die Staatsmänner ihre Macht mißbrauchen und alle Unterthanen byzantinisch regieren, aber das ist die Meinung und Schuld der Staatssozialisten nicht.

V. spricht insbesondere[2]) vom sozialen Königthume, dessen

---

[1]) Lehrbuch der pol. Oekonomie. Bd. 1. S. 281.
[2]) A. a. O. 1882. S. 291 und S. 72 f. Dort ist zugleich auch die theologische Begründung der Aufgabe des Staates mit Hinweisung auf S. Th. 2. 2. qu. 77 . . . alles fernzuhalten quae sunt in nocumentum aliorum . . . weiter auseinandergesetzt, als wir es hier wiedergeben können.

hehre Aufgabe er beleuchtet, dessen Wiedererwachen und Freimachung von den Banden der Bourgeoisie er in edler, begeisterter Sprache hofft und erwartet.[1])

Es mag uns Christen wehe thun, besonders uns Katholiken, daß Männer von so hervorragender Begabung, und wir könnten noch viele nicht minder gewichtige Autoritäten[2]) anführen, auf Seite des Staatssozialismus (im recht verstandenen Sinne) stehen, weil sie ihn als nothwendig erkannt haben. Indirekt ist damit ja ausgesprochen, daß all' das Große, was einst die Kirche geleistet hat, heute nicht mehr geleistet werden kann einerseits, andererseits daß dasjenige, was die Kirche und die Charitas oder die Kirche durch die Charitas leisten kann, bei Weitem nicht genügend, nur ein Tropfen Wasser auf einen glühenden Stein ist.

Wie stand es einst um die Gesellschaft ganz anders, noch zur Zeit der Reformation![3]) Heute haben wir nicht bloß mehr mit verschuldeter oder unverschuldeter Armuth zu rechnen, nein, heute herrscht die Klassenarmuth, **das Elend auf der ganzen Linie der weiten Volksmassen.** Krankenhäuser, Krankenpflege, Armenhäuser, Vinzenzconferenzen, Armenspenden wirken nicht mehr als ein Glas Limonade im Fieberparoxismus: sie schaffen augenblickliche Linderung, aber die Krankheit bleibt. Heute weiß man, daß neben uns im Nachbarhause oder Häuschen vielleicht eine Familie, ganze Familien langsam verhungern,

---

[1]) Sehr lesenswerth ist auch ein Artikel in den „christl. soz. Blättern" von Bongartz, 1881. S. 392 ff., „Staatsmacht und Individualfreiheit", um so mehr, als die genannten Blätter dem Staatssozialismus nicht sehr hold sind.

[2]) Nicht unterlassen können wir zu bemerken, daß soziale Lösungsversuche durch die Regierung in Oesterreich in Fluß gekommen sind. Wiederholt hat sich der Reichsrath in dem letzten und diesem Jahre mit sozialen Fragen befaßt. Die ursprüngliche Anregung ist von christlicher Seite ausgegangen: Vogelsang, R. Meyer, J. Albertus, A. Weiß, Prinz Lichtenstein, Graf Belcredi, v. Zallinger u. A. — W. Roscher, L. v. Stein, die Professoren der ersten Universität des Reiches, vermögen sich aus dem Banne des Liberalismus leider noch nicht loszureißen, obgleich Beide hie und da schon Ansätze gemacht haben.

[3]) Siehe Roscher: Geschichte der Nationalökonomik S. 120 und System der Volkswirthschaft I. S. 140.

und man kann nichts anderes thun als zusehen, höchstens dann und wann ihnen eine Mahlzeit verschaffen. Und was ist damit erreicht? Der verlängerte Todeskampf. Heute treten geheilte Arbeiter aus den Spitälern mit der Aussicht zu hungern, bis sie neuerdings vor Schwäche erkranken und dann zu neuen Leiden, neuen Qualen wieder im Spital auf eine Zeit gepflegt werden.

Heute ist man so weit — in Industriezentren — daß man das Almosen als Unrecht erklärt, weil dadurch Verhungernde vom Tode gerettet werden, um anderen Halbverhungernden Concurrenz zu machen, so daß die Liebe, Einem erwiesen, zugleich eine That der Grausamkeit ist, einem oder mehreren anderen Unbekannten zugefügt.

Wie soll geholfen werden und wer soll helfen? Schon vorher sprachen wir von der Spaltung konservativer, kathol. Sozialpolitiker, die oft härter und heftiger gegen einander polemisieren, als es nothwendig wäre, ja als es uns gut erscheint. Es ist gewiß in der Individualität des Menschen begründet, daß er dasjenige, was er einmal als Recht erkannt hat, oder erkannt zu haben glaubt, mit Aufgebot aller Kräfte vertheidigt. Wir möchten also durchaus nicht unbillig sein; wenn wir die heftige Bekämpfung sozialistischer Theorien eines wissenschaftlichen Gegners doch bedauern, so möge man uns nicht mißverstehen. Aus dem Kampfe der Meinungen kommt die Wahrheit. Man bestreite also, aber man hüte sich, gleich mit Verrath des Glaubens, der Religion, mit Unwissenheit, Urtheilslosigkeit zc. herumzuwerfen. Derlei Dinge und Phrasen nennt man im gewöhnlichen Leben grob, sie sind aber auch auf literarischem Boden zum Mindesten nicht fein.

Der Franzose Le Play[1]), der mit vollem Rechte den Dekalog als Grundlage der sozialen Arbeit, der sozialen Reform aufstellt, empfiehlt speziell Reform der Familie, vorausgehend der des Erbrechtes. Nach seiner Anschauung ist an eine Besserung der sozialen Verhältnisse nicht eher zu denken, als das atomisierte Individuum nicht wieder einen bleibenden Halt hat an der regenerierten Stammfamilie.

[1]) Die soziale Reform. Paris 1864.

Gewiß eine ganz vortreffliche Ansicht, aber unzulänglich. Dr. J. in den christl. soz. Blättern sagt dazu:¹) „Das soziale Uebel, unter dem wir leiden, ist viel tiefer als Le Play ahnt und voraussetzt; es handelt sich nicht blos um eine moralische Krise. Das soz. Uebel ist viel größer, viel unheilvoller; es existiert nicht bloß in dem Willen, es hat recht eigentlich seinen Sitz in der Intelligenz; es existiert nicht allein in den Köpfen der Söhne, es regt sich auch in den Herzen der Väter; kurz, es greift hinein ins innerste Geistes- und Denkleben, in eine Tiefe, wo der Einfluß der Familie, der heutigen Familie wenigstens, in ihrem von der Schule erborgten falschen Geistesleben nicht mehr hindringt.

Gewiß ist das soziale Uebel eine Krise sittlicher Art, aber damit ist noch nicht viel gesagt. Diese sittliche Krise hat eine ganz besondere Physiognomie, sie tritt überall als eine religiöse auf, d. h. als eine solche, deren letzte Consequenzen auf dem Gebiete der religiösen Ordnung ruhen. Und diese letzten Consequenzen sind die Negation aller positiven Religion, der Haß der Kirche: auf philosophischem Gebiete: die Verleugnung Gottes und der Materialismus; auf wissenschaftlichem Gebiete: die Constituirung eines confessionslosen Atheismus; auf sozialem Gebiete: die Verwerfung der fundamentalen Sozialprinzipien von der Religion, der Moral, dem Eigenthume und ihre Ersetzung durch die Forderungen des allgemeinen Willens; auf politischem Gebiete: der Sieg der Volkssouveränität, die Staatsallmacht, der constitutionelle Absolutismus, die totale Indifferenz gegen das Gute. Mit einem Worte: das Wesen der sozialen Krise ist die antichristliche Organisation der Gesellschaft . . . . und ist die Familie geradezu ohnmächtig ihr gegenüber."

„Was hier einzig und allein noch helfen kann, ist die Religion, die Kirche, weil sie sich vor allem an den Geist, die Denk- und Anschauungsweise und prinzipiell an den ganzen Menschen richtet; weil die Kirche durch ihre autoritative Me-

---

¹) 1881. S. 819 u. ff.

thode eine Lehre zur Geltung und Herrschaft bringt, deren Folgen sich schlechthin auf alle Wissenschaften, von der Philosophie bis zu den Naturwissenschaften erstreckt. . . . Sie wendet sich auch an Herz und Willen. Sie lehrt den Menschen seine Leidenschaften bezähmen . . . . Eine Reorganisation der Familie würde gewiß heilsamen Einfluß haben, Rückkehr zu den christlichen Ideen beschleunigen, aber wir bezweifeln, daß sie möglich ist. . . . Le Play rechnet zu viel mit dem Gesetze und glaubt zu sehr an die Wunderkraft der Legalität. Wenn er in seiner „Organisation der Arbeit" den Inbegriff seiner Lehren in drei Punkte faßt: die Hochachtung vor der Autorität Gottes mittels eines Gesetzes über die Sonntagsheiligung, die Hochachtung vor der des Vaters mittels eines Gesetzes über die Testamentsfreiheit, die Hochachtung vor der Frau mittels eines Gesetzes über die Verführung zu sichern, so täuscht er sich . . . . Ein Gesetz muß, damit es gut sei und seine Schuldigkeit thue, der Ausdruck des sittlichen Zustandes der Gesellschaft sein . . . Man kann es nicht genug betonen: nicht so sehr die Gesetze sind es, welche die Sitten bilden, sondern die Sitten bilden die Gesetze; auf die Reform der Sitten ist aller Nachdruck zu legen und in der ernsten Arbeit an ihrer Läuterung ruht allein die Rettung . . Das Fundamentalprinzip der sozialen Reform lautet: Man gebe endlich die Kirche, diese Schule aller Autorität und aller Sitten frei; man sichere ihre freie Wirksamkeit und die Sozialreform wird von selbst ihren Weg gehen. . . ."

Dr. J. sagte übrigens schon vorher,[1]) und wir führen die Worte zur Vermeidung von Mißverständnissen an: „Das Heilmittel liegt in der entschlossenen Rückkehr zu den christl. Ideen, vor Allem der Idee der Eintracht der beiden größten Sozialgewalten des Staates und der Kirche."

Uns ist damit genug gesagt, wir unterschreiben die letzteren Worte. Wir glauben, daß in denselben ein Programm liegt,

---

[1]) A. a. O. S. 289.

durch welches, recht verstanden, jede Bekämpfung innerhalb des konserv. Lagers überflüssig würde. Diejenigen, welche den Staatssozialismus nicht perhorreszieren, im Gegentheile, die soziale Aufgabe zu den vorzüglichsten des Staates rechnen[1]), wissen recht wohl, was dieser Staat der Kirche schuldig ist, wissen, daß ein zäsaropapistischer Staat sowenig wie ein liberaler die soziale Frage lösen kann. Nur verlange man von ihnen nicht, daß sie dem Staate gestatten, mit seiner Aktion gegen die Gebrechen der Gesellschaft zu warten, bis die Katholiken, bis die Kirche den verlorenen Einfluß auf Gemüth, Verstand und Willen wiedererlangt haben wird. Ach, da ginge die Gesellschaft wahrscheinlich eher zu Grunde.

Bedauerlich, eigentlich unerträglich ist die Unfreiheit der Kirche, gewiß. Aber der Zustand des Culturkampfes ist leider und schließlich nicht einmal der schlechteste. Da können wenigstens die Ideen noch bleiben, noch wirksam sein. Es gibt Länder und Staaten, in welchen der gemäßigte Josefinismus herrscht, in welchen ein liberaler Minister Bischöfe macht, ernennen läßt, wie er sie wünscht, ruhige Naturen, welche einen Einfluß auf die Gesellschaft weder suchen noch zu üben im Stande wären, in welchen die ganze kirchliche Verwaltung dem revidierenden Auge eines für seine Person atheistischen oder materialistischen Bureaukraten unterliegt, die Heranbildung des jungen Klerus nur nach staatlich genehmigter Chablone stattfindet, so daß der junge Priester nur von seiner Aufgabe hört, unterrichtet wird, sich zur Wertheimkasse der momentan herrschenden Klasse zu stellen, um Wohl und Wehe des Volkes materieller Art aber sich gar nicht, ideeller Art „ohne Fanatismus" d. h. ohne Geist, bloß äußerlich zu kümmern, allenfalls mit einigen Betschwestern den Sport süßer Mystik und frommen Verkehrs zu pflegen u. s. w. u. s. w. ohne Grazie.

Ja gewiß, eine derartige Einwirkung ist eine schlimme Einwirkung des Staates und Bongartz und seine Gesinnungsgenossen fürchten nicht mit Unrecht die dona ferentes Danaos.

---

[1] Siehe Carl Werner, System der christl. Ethik. Regensburg 1852 III. S. 636.

Völker unter vorbeschriebener politischer und kirchlicher Erziehung versumpfen. Wehe, wenn früher oder später sozialdemokratische und sozialistische Luft hineinbläst in diese stagnierenden Gewässer! Besser, viel besser ist es, wenn der Staat, und ein oder der andere einsichtige Staatsmann wird doch überall aufzutreiben sein, noch zu rechter Zeit in's soziale Gebiet einzugreifen anfängt, wenn auch anfangs unsicher tastend, nur besorgt materieller Noth zuvorzukommen, beiläufige Gerechtigkeit allen Schichten angedeihen zu lassen. Es wird Leben in die Massen kommen, der Geist wird sich bemerkbar machen und es kann jener Augenblick kommen, von dem Dr. J. sagt, daß die Sitten die Gesetze bilden.

Wir verkennen die Aufgabe der Kirche nicht, wir wissen, was der Klerus zu leisten hat. Ihn anzuregen, soll ja vorstehende Monographie dienen: den sozialistischen Staat, in rechter Beschränkung selbstverständlich, perhorreszieren wir deßwegen nicht, wir sehnen uns, daß er die aufgenommene Thätigkeit fortsetze und Gutes schaffe.[1] Wir wissen uns darin einig mit den vorzüglichsten Nationalökonomen. Dr. Ratzinger[2] sagt: ... es ist Pflicht, die Staatsallmacht da zu bekämpfen, wo sie schädlich ist, auf geistigem Gebiete, in Kirche und Schule. Es ist verkehrt, wohlthätige Bestrebungen des Staates auf materiellem Gebiete deshalb zu bekämpfen, weil der Staat auf geistigem Gebiete sich Uebergriffe zu Schulden kommen ließ. Man thue das Eine und lasse das Andere nicht: die Sicherung des materiellen Interesses der armen arbeitenden Klassen durch staatliche Einrichtungen."

---

[1] Ueber die Grenzen der Staatsgewalt siehe: Cathrein V. S. J. Die Aufgaben der Staatsgewalt .. Herder, Ergzgsh. zu St. aus M. Laach. Ferner: Die Naturlehre des Staates von Const. Frantz. Leipzig 1870. Hammerstein, Kirche und Staat. Freiburg, Herder. 1883.

[2] Die Volkswirthschaft in ihren sittlichen Grundlagen, Herder 1881, S. 409.

d. **Der Kapitalismus in seiner volksschädlichen Aussaugung fremder Arbeit. Carl Marx. Der Normal-Arbeitstag. Gerechter Lohn.**

Ob der Kapitalismus wirklich von der religiösen Reformation stammt, wie Hohoff[1]) in seinem ohne weiteres bedeutend zu nennenden Werke sagt und seine Gründe dafür beibringt, wird von anderer Seite allerdings in Abrede gestellt, indessen so viel, und uns an dieser Stelle kann das genügen, ist gewiß, daß dieses volksverderbende System ein Zeitgenosse der Reformation ist. Nach Janssen[2]) heißt es bei Jakob Wimpheling (de arte impressoria): „Das Zinsnehmen und Wuchern ist ein Verderben des Volkes. Beklagenswerthe Zeit, in der das Geld zu regieren angefangen und das Geld in immer weiterem Umfange Geld gebiert." „Um diese Worte recht zu verstehen, sagt Hohoff, muß man freilich mehr verstehen, als man aus einem liberalen Compendium lernen kann, heiße dessen Verfasser nun Max Wirth oder Roscher oder Schäffle."

Das Geld regiert im Kapitalismus. Kapital und Geld ist selbstverständlich nicht gleichbedeutend; Geld ist ein Tauschmittel, ein Zeichen des Wertes, mit dem man Kapital kaufen kann. Das Verderbliche dieses Geld-Kapitalismus besteht darin, daß das Geld gebiert, oder Junge heckt, wie C Marx sagt, und das thut ohne irgend eine Arbeit des Besitzers. Bin ich, heißt es in dem sozialdemokratischen Vorwärts,[3]) Eigner einer verzinslichen Schuldverschreibung, so habe ich freilich mein Geld dafür hingegeben, allein für die Zinsen, welche ich erhalte, leiste ich keine Arbeit. — Wenn nun vollends das Kapital selbst, welches ich ausleihe, ganz aus Zinsen entstanden ist, so besteht es aus lauter Arbeitsertrag fremder Leute, für welche keine Spur von Gleichwert ausgetauscht ward. — In Folge dessen müssen die Arbeiter mindestens dreimal so viel arbeiten und entbehren als sonst nöthig wäre. Und diese er-

---

[1]) Protestantismus und Socialismus. Histor. pol. Studien. Paderborn 1881.
[2]) Geschichte des deutschen Volkes I. S. 376.
[3]) Siehe bei Hohoff a. a. O. S. 88.

stammliche Verwüstung des Volkswohlstandes läßt sich nicht durch Strafgesetze, sondern nur gänzlich abschaffen durch eine Erleuchtung und Versittlichung des Volksgeistes. Denn der Glaube, daß Zins und Gewinn rechtmäßig und unerläßlich seien, hat den Volksgeist vergiftet wie eine allgemeine ansteckende Krankheit, und es könnte jedes bloß einschränkende Strafgesetz gegen das Uebermaß der Ausbeutung leicht umgangen werden, wenn es überhaupt durchsetzbar wäre. Selbst eine gewaltsame Staatsumwälzung seitens der Ausgebeuteten kann nicht wirklich helfen, wenn nicht die große Mehrheit aufgehört hat, kapitalistisch zu denken. Hat sie dieß aber, so wird jene unnöthig."

Man denkt ferner gewöhnlich viel zu wenig und zu seicht bezüglich des Kapitalismus, weil man an das System gewöhnt ist. Dessen Fortdauer erscheint den Vielen, welche von ihren Renten leben wollen, eine gar nicht anzuzweifelnde Sache. Den Stock ihrer Rente bilden die Ersparnisse, eigene oder fremde, die Zinsen fremde Arbeit. Man hat heutzutage schon fast vergessen, daß derartigen Gewinn zu beziehen, in der kirchlichen Gesetzgebung durch Jahrhunderte als Wucher bezeichnet, gänzlich verboten war, heute „bis zur Entscheidung" toleriert ist. Man denkt nicht weiter, als die Nase reicht. Man sagt: Wenn jemand mit meinen Ersparnissen oder Geld Geschäfte macht, warum soll ich mir nicht einen Theil des Nutzens als Interessen geben lassen? Dabei ist vergessen, übersehen, oder wir wissen nicht was, daß das Geld für sich nichts produziert; dazu muß es in Werte umgesetzt werden, es muß Arbeit dazutreten, damit Mehrwert entstehe. Diejenigen, welche diese nothwendigen Arbeiten verrichten, müssen es schließlich entgelten, sie müssen die Werte schaffen, sie müssen für Andere arbeiten und bekommen dafür nur Lohn, nur den nothwendigen Lebensunterhalt.[1])

---

[1]) Darin liegt der Grund, aus welchem Proudhon Eigenthum Diebstahl nannte, ein Satz, der oft ganz mißverstanden wurde, ebenso wie eine ähnliche Aeußerung bei Constantin Franz in dem Werke: Die soz. Steuerreform. Mainz, Kirchheim 1881. Es sollte damit nicht subjektiv jemand beschuldiget werden, sondern eine objektive Wahrheit ausgedrückt werden.

So lange der Kapitalismus auf den Völkern lastet, wäre ein Unternehmer, auch wenn er wollte, nicht im Stande, seinen industriellen Arbeitern den vollen Wert ihrer Arbeit auszuzahlen, denn er muß die Kapitalzinsen in Rechnung ziehen. Die Fabrik, die Maschinen, die Vorräthe ꝛc. kosteten Geld, und die das Geld gegeben, geliehen haben, die wollen von ihren Renten, dem Schweiße der Arbeiter leben. Der Landwirth ist zumeist nicht im Stande, seinen Arbeitern, oder wenn er selbst nur mit seinen Händen und denen seiner Kinder arbeitet, sich selbst den vollen Wert der Arbeit zukommen zu lassen: ihm bleibt die Nothdurft, weiter nichts. Denn sein Grund ist in den Händen des Kapitals; er hat an die Anerben hinauszahlen müssen, vormerken lassen müssen[1]) und sein Sohn muß es wieder u. s. w. Für diese Schulden muß er Interessen zahlen, denn es leben viele, viele Menschen von Renten, ohne Arbeit, andere leben besser, als ihre Arbeit es verdient, sie greifen also zu fremdem Schweiße. Das Kapital schöpft in erster Linie die Fettaugen von jedem Erwerbe; unter der Wucht dieser Last drohen die Völker zu unterliegen, umsomehr, als das eben der Arbeit Abgenommene immer wieder kapitalisiert wird und sich immer mehrere und größere Saugröhren ihre Verzinsung von der Arbeit aufsaugen.

Der größte Gegner des Kapitals, der geschworene Feind der kapitalistischen Wirthschaftsweise, der Mann, dessen negativ kritischen Gründe allgemein der Wahrheit entsprechend genannt werden, wenn auch die Urtheile über den positiven Theil auseinander gehen, ist Carl Marx. Man muß den Mann in jedem Falle in Berechnung ziehen, ob es nun angenehm erscheinen mag oder nicht, weil er die Schattenseiten des Kapitalismus schonungslos aufgedeckt hat. Gewiß ist, daß er das auch hätte thun können, ohne die unteren Klassen, welche sicherlich den Zusammenhang von Ursache und Wirkung nicht fassen können, daher leicht zu gewaltsamen Schritten gegen die Kapita-

---

[1]) Vogelsang, Grundbelastung und Entlastung, Wien 1880. Rodbertus-Jagetzow die heutige Kreditnoth, 1868 und 1869, 2 Bd.

listen verleitet werden könnten, im Innersten aufzuregen, sie in der Internationale zu einigen, die Cadres für die zukünftigen Arbeiterbataillone zu bilden und im Sturmschritt einzuüben.

Der richtige Weg, den wir auch heute noch empfehlen, obwohl der Stundenzeiger weiter vorgerückt ist, ist den Kapitalismus, das System zu bekämpfen, geistig, nicht etwa gegen die Kapitalisten Sturm zu blasen. Das hieße der Hydra nur die Köpfe abschlagen, die gewiß wieder nachwachsen würden. Unsere Mißbilligung gilt dem Kapitalismus. Unter den Kapitalisten gibt es gewiß sehr edle, gute Menschen, die alle üblen Folgen des herrschenden Systems bedauern, aber nicht abhelfen können, denn — ein allgemeines Wirthschaftssystem stürzen Einzelne nicht, es stürzt überhaupt nicht auf einen Hieb.¹)

C. Marx²) hat eine aussichtsvolle glücklich inaugurierte Carriere im Staatsdienste verlassen; eminent begabt hätte er es leichtlich zu einer einflußreichen, vielleicht ausschlaggebenden Stellung im Vaterlande bringen können. Er warf alle Rücksichten und Aussichten ab und erkor sich den Kampf für die wirthschaftlich Schwachen als Lebenszweck. Er warb Letztere nicht bloß für eine sozialistische, sondern die sozialdemokratische Idee, eine Hineinmengung einer politischen Nuance, welche dem Sozialismus selbst nicht oder wenig helfen kann, jedenfalls die herrschenden Mächte auf den Quivive-Standpunkt trieb. Natürlich war seines Bleibens in der Heimat unter diesen Umständen nicht, er zog nach England. Seither konnte er von sich mit Recht sagen: Acheronta movebo.

Uns interessiert hier sein epochales Werk über das Kapital.³) Bevor wir den meritorischen Theil desselben besprechen, wollen

---

¹) Welches System den absterbenden Kapitalismus zu ersetzen berufen ist, siehe Graf Kuefstein in der Linzer theol. praktischen Quartalschrift 1882, S. 302 ff.

²) Carl Marx, geboren in Trier 1818, studirte in Berlin Philosophie und Rechtswissenschaft, redigirte 1841 die opposit. „Rheinische Zeitung" in Köln, später in Paris die „Deutsch-französischen Jahrbücher" und den „Vorwärts". Ausgewiesen ging er nach Belgien, später nach Köln und 1849 nach London, 1867 gründete er die Internationale. † 1883

³) Das Kapital, Kritik der pol. Oekonomie.

wir unsern Lesern nicht vorenthalten, daß M. ein Uebermaß von Haß nicht bloß den Kapitalisten und den literarischen Vertretern der kapitalistischen Wirthschaftsweise, sondern womöglich in noch erhöhtem Grade dem Pfaffenthume entgegenbringt. Es lechzt eine förmlich bluttriefende Sprache aus seinen Worten. Es ist das unter allen Umständen bedauerlich, wenn auch Marx der Haß der Geistlichkeit hauptsächlich bei Anblick anglikanischer Verhältnisse gekommen ist. Anglikanische Geistliche sind gut honorierte, verheirathete Regierungsbeamte, welche die religiösen Ideen zur leichteren Ausführung der Regierungsmaßregeln gewissermaßen als Siegel oder als Streusand auf die diversen Bills und Verordnungen setzen müssen. Da die englische Regierung kapitalistisch denkt, so muß auch der Klerus demselben Systeme dienen. Nun ist es und mag es gewiß einem Arbeiter gar sonderbar vorkommen, wenn ihm auf der einen Seite der Kapitalismus als Unrecht, gegen das natürliche und göttliche Recht verstoßend nachgewiesen, auf der andern Seite aber mit der Hölle gedroht wird, wenn er dieses Unrecht nicht als Recht hinnehme. Dabei ist jedoch vergessen, daß der Geistliche als Regierungsbeamter schon gar nicht mit der Religion und religiösen Wahrheit identificiert werden kann, abgesehen davon, daß auch er ein Kind seiner Zeit ist und daher leicht in so schwierigen Dingen irren, nicht die richtige, wünschenswerthe Einsicht haben kann.

Marx geht darauf aus und sucht nachzuweisen, daß eben die kapitalistische Produktionsweise die Waare: Arbeit auf die nothwendigsten Erzeugungskosten herabdrücke und daß die Kapitalisten sich durch Vorenthaltung des Arbeit=Mehrwertes bereichern: „Die Arbeit der Armen stellt die Goldminen der Reichen dar." M. sieht den Grund des Elendes nicht etwa in dem Großbetriebe der Industrie durch Maschinen ꝛc., sondern in der Loslösung der Arbeiter von dem Kapitalvermögen. Eine sozietäre Geschäftsform mit Großbetrieb, bei welcher der ganze Verdienst, also der ganze erzeugte Wert, den Arbeitern als Arbeitern, also auch den geistigen Leitern, Erfindern ꝛc. zu Gute käme, scheint wenigstens in M. Intentionen zu liegen.

Exploitation des Arbeiters durch den Kapitalismus. Man kann sich denken, wie derlei Sätze, mit statistischen Angaben unterstützt, durch Hinweisung auf unermeßlich reich gewordene Kapitalisten illustriert, auf die begierig horchenden Arbeiter wirken mußten. Marx zeigte sich consequent und billig denkend auch für Privatkapitalisten als Unternehmer von Industrien, indem er ihnen einen größeren Antheil am Gewinne der Unternehmung zuerkannte, als den untergeordneten, mechanischen Arbeitern, weil sie eben den ideellen Theil des Geschäftes besorgten, das Risiko trugen u. s. w. Aber, behauptete er, nicht diese rechtmäßige Antheilnahme bilde die Kapitalrente in ihrer exorbitanten Größe, sondern die Einziehung des Mehrwertes der Arbeit des einfachen, auch des qualificierten Arbeiters. Der Arbeiter verdiene beispielsweise in sechs Stunden Tagesarbeit seinen Unterhalt, d. h. seine gelieferte Arbeit betrage jenen Wert, welcher dem ihm ausgefolgten Lohne entspreche, aber er müsse zehn, zwölf und mehr Stunden arbeiten. **Diese Mehrarbeit bilde die Kapitalsrente**, sie mache das ungerechte Einkommen des Kapitalismus aus. Er gibt übrigens zu, daß auch bei anderen volkswirthschaftlichen Systemen, dem Monopolismus, dasselbe statthabe. Ueberall, wo Einer oder Mehrere die Produktionsmittel in der Hand haben, muß der Arbeiter frei oder unfrei unbezahlte Arbeitszeit zusetzen, um die Lebensmittel für die Eigner der Produktionsmittel zu erzeugen.

Unter solchen Umständen gibt es nur zwei mögliche Eventualitäten: man verbindet Kapital und Arbeit wieder miteinander, mit anderen Worten, man schafft den sozietären Geschäftsbetrieb, bei welchem die Arbeiter sammt und sonders Eigner der Produktionsmittel, also Kapitalisten sind, so daß ihnen dann der ganze Ertrag zu Gute kommt (— wenn man es nemlich im Stande ist, siehe darüber das früher Gesagte —), oder aber man hindere durch Gesetze die nicht berechtigte Ausnützung der Arbeiter, nemlich durch Aufstellung eines Minimallohnes und Festsetzung des Arbeitstages: Normal-Arbeitstag.

Marx entwickelt die Geschichte des Kampfes um Aufstellung des Normalarbeitstages in England; er ist gerecht genug einzugestehen, daß humane Fabrikanten selbst um Festsetzung gebeten haben. Es liegt auch auf der Hand, daß eine für alle Concurrenten gleichmäßig giltige Verordnung in Bezug auf Ausnützung ihrer Arbeiter, der Weiber und Kinder, zum gewöhnlichen Lohne — der wie wir wissen sich reguliert nach Angebot und Nachfrage, resp. der immer um den absoluten Lebensbedarf herumgravitiert — den humanen Fabrikanten angenehm sein mußte. So lange eine derartige Festsetzung nicht bestand, so lange konnte jener Fabrikant entweder mehr profitieren oder billiger liefern und die Concurrenten ruinieren, der bei demselben Lohne die Arbeiter länger arbeiten ließ. Und das geschah in ganz exorbitanter Weise. Man ließ Tag und Nacht arbeiten, beschäftigte Kinder unter sieben Jahren 8—10, ja mehr Stunden täglich; es gab Väter, welche ihre Kinder hineintrugen und auf den Platz, den Sitz zur Maschine setzten, damit sie dort den ganzen Tag arbeiteten. Weiber und Mädchen mußten Nachtarbeiten verrichten, kurz, die Ausnützung, die Uebertreibung der Anstrengung der Arbeiter überschritt jede Grenze. Von 1802 bis 33 erließ das Parlament 5 Arbeits-Akte zu Gunsten der Arbeiter, aber — es war Comödie, denn dasselbe Parlament bewilligte keinen Pfennig für die Ausführung, für Inspektion 2c. Seit 1833 erst entwickelte sich eine ernstliche Gesetzgebung, welche sowohl den Arbeitstag fixierte als bindende Vorschriften für Weiber- und Kinderarbeit, die Art, Länge und Zeit der Beschäftigung normierte.¹)

Auch außer England, so in Frankreich, Schweiz, Belgien 2c. fixierte man den Normalarbeitstag; in Oesterreich war es bis zu dieser Stunde noch ein fruchtloses Begehren, denselben einzuführen. Im Gegentheile, wo etwa durch Gewohnheit eine bestimmte Arbeitsdauer und Sonntagsruhe eingeführt ist, da sucht man die Arbeiter durch separate Entlohnung zur Ueberarbeit zu bewegen. Sie thun es, denn es ist ihnen der Gedanke der Solidarität längst abhanden gekommen: sie denken

---

¹) Näheres Detail über die successive Entwicklung des Normalarbeitstages siehe bei Schäffle, Kapitalismus und Sozialismus S. 314 ff. Christl. soz. Bl. 1882. S. 242 ff.

gar nicht, daß sie den Mitgenossen, ja daß sie sich selbst Concurrenz machen. Wenn die für den Bedarf eines Jahres nothwendigen Produkte durch Verlängerung der Arbeitszeit in 9 Monaten hergestellt werden können, so wird eben in den 3 Monaten Arbeitslosigkeit die Arbeiter um allfällige Ersparnisse bringen oder sie werden Noth leiden müssen.

Die Unternehmer übrigens, um einer Fixierung zu entgehen, schreiten, soweit es im Geschäfte thunlich, heute gerne zur Stückentlohnung, wodurch sie die Arbeiter zu einer um so intensiveren Ausnützung ihrer Kräfte bringen, als sie die Löhne so tief stellen, daß eben nur bei intensivster Anstrengung der Lebensbedarf verdient wird.

Außer dem Normalarbeitstage, der natürlich indirekt zugleich eine Regulierung des Lohnes enthält, allerdings ungenügend genug, weßwegen auch das Begehren um Fixierung eines Minimallohnes bei fixierter Arbeitsdauer immer energischer wird, ist in den meisten Staaten zum Schutze der Arbeiter noch so manche andere, mehr oder weniger damit zusammenhängende Verordnung erlassen worden. Dahin gehören die Gesetze zum Schutze der Kinder und Frauen, die Feiertagsruhe, die Fabriksinspektoren behufs Vorsorge für gesunde oder wenigstens möglichst sanitäre Räume, die Unfallversicherung, auch Alter- und Krankenversorgung u. s. w.

Das Kapital hat sich dagegen gewehrt, so lange es konnte, in einzelnen Ländern gelang es ihm auch, einen oder den andern Theil derartiger Gesetze abzuwehren, einzuschränken, oder erfolglos zu machen. Als Fürst Bismark, um den Sozialisten mit Umsturztendenzen das Terrain abzugewinnen, mit der Unfallversicherung, der Altersversorgung für die Arbeitergreise, „damit sie nicht auf dem Miste sterben" vor die Oeffentlichkeit trat, da erhob sich auf der ganzen Linie kapitalistischer Gefolgschaft ein lauter Ruf, daß dadurch der Industrie die Concurrenzmöglichkeit genommen werde.

Von welcher Wichtigkeit die besagten Maßregeln sind oder sein könnten, und wie das Kapital, losgelöst von der Arbeit, nur bemüht ist, möglichst reiche Erträge zu erzielen, erfuhren wir im März vorigen Jahres durch ein sehr lehrreiches Ereigniß. Die Pariser Gerichte hatten darüber zu erkennen, ob Pariser Geschäftsleute, welche ihre Waaren in Ländern mit billigerer Arbeitskraft anfertigen und sie fertig nach Paris bringen ließen, dieselben als Pariser Waaren in den Handel bringen dürften. Die Entscheidung lautete bejahend. Dadurch ist nun constatiert, daß die Arbeit als solche gänzlich um ihren Anspruch gebracht ist. Nur der Handelsmann, der Kapitalist, welcher produzieren läßt, gibt den Ausschlag. Wo er ist, da ist die Provenienz der Produkte.

Ebenso lehrreich ist, und als Oesterreicher dürfen wir diese Thatsache nicht übergehen, daß Engländer, Schweizer und Franzosen, Kapitalisten nemlich, den Erzeugungsort vieler Produkte nach Oesterreich verlegen: Vorarlberg, Mähren, Böhmen u. s. w. Warum? Weil wir keinen Normalarbeitstag haben, weil die Ausnützung unseres Volkes, unserer Arbeiter eine nahezu unbeschränkte ist, und weil dadurch das Kapital um so höheren Arbeits-Mehrwert als Kapitalprofit für sich nehmen kann. Die Folgen jedoch für die Ausgenützten und das Land, dem sie angehören, sind mit einem Worte traurige, ja unerträgliche. Von Vorarlberg ist es bekannt geworden, daß ein ganzer Bezirk bei der letzten Assentierung nicht einen Tauglichen aufbrachte, eine Nachricht, welche jemand zum Ausrufe veranlaßte: so könne eine herzlose Industrie vielleicht noch den ewigen Frieden bringen, durch Hinwegräumung der Candidaten für das Militär.[1]

In Brünn benützt ein englischer Unternehmer das Fehlen des Normalarbeitstages und läßt arbeiten: Montag von 6 Uhr früh bis 9 Uhr Abends, Dienstag von 6—12 Uhr Nachts, Mittwoch von 6 Uhr wird durchgearbeitet bis Donnerstag 1 Uhr Nachts, Freitag von 6 Uhr wird durchgearbeitet bis Samstag 9 Uhr Abends. Der Wochenlohn beträgt 4—8 fl., soferne nicht durch die Fabriksordnung festgesetzte Strafen derselbe ganz oder theilweise absorbiert wird, so daß den Arbeitern nur das Bewußtsein des Fleißes bleibt. Auch Kinder sind dieser Zeit-

---

[1] Wiener „Vaterland" Nr. 86 vom Jahre 1883.

eintheilung unterworfen, mit welchen Folgen bedarf nicht einmal einer Andeutung.

Bei solchen Umständen scheint es uns überflüssig noch ein Wort über die Nützlichkeit der früher genannten Verordnungen zu sprechen. Und insoferne Marx für Einführung resp. nothwendige Erweiterungen derselben gearbeitet und geschrieben hat, gebührt ihm sicher Dank.

Die Moral hat selbstverständlich dagegen nichts einzuwenden; sie muß im Gegentheile das Capital verpflichtet erklären, den Arbeitern den gerechten Lohn auszuzahlen, für deren Sicherheit und Sittlichkeit Vorsorge zu treffen. Was gerechter Lohn ist, läßt sich freilich nicht mit zwei Worten sagen; auch scheint es uns unnütz, erst zu constatieren, daß, da auf dem Markte (siehe Lassalle) Conjunctur und Spekulation den Ausschlag gibt, es vielfach selbst den humansten und christlichsten Unternehmern einfach unmöglich ist, den Lohn nach Wert der Arbeit auszuzahlen. Ueberhaupt ist es ein verfehltes Beginnen, so lange der Ring des Kapitalismus nicht gesprengt ist, den Arbeitern von Anspruch auf den ganzen Wert ihrer Arbeit vorzudeklamieren, weil dadurch nur Gehässigkeit erregt wird. Weiter muß beherziget werden, so lange wenigstens das Privatkapital und der singuläre (im Gegensatze zum sozietären) Geschäftsbetrieb herrscht, daß dem Unternehmer, welcher seine geistigen Kräfte, seinen Unternehmungsgeist außer dem Betriebskapitale zur Produktion mitwirken läßt, ein entsprechender Theil der erzeugten Werte rechtlich zukommt, was der befangene Arbeiter im stillen Ingrimme zu leicht zu übersehen pflegt.[1]

---

[1] Die Frage nach dem gerechten Lohne behandelt Schäffle nach von Thünen. A. a. O. S. 669, Marlo II. 374. Besonders wichtig ist die Anschauung von A. M. Weiß im angeführten Werke S. 20. Weiß behandelt den Arbeitsvertrag als Gesellschaftsvertrag, die Arbeiter als Theilhaber der Unternehmung. Die heute übliche Entlohnung, welche nur zur Anschaffung von Kost, Wohnung 2c. reicht, ist ihm kein Lohn. „Lohn beginnt erst, wo das zum Leben Nothwendige überschritten wird." Unsere Arbeiter empfangen also heute gar keinen Lohn. Gegen Weiß schrieb Lehmkuhl in den Stimmen a. M. L. X 1883, S. 464, die histor. pol. Bl. 1884, S. 57. Sie verlangen höheren Lohn, schließen jedoch die Theilhaberschaft aus.

Die Höhe des Lohnes, denn ein Theilen des ganzen Ertrages ist nur bei sozietären Unternehmungen möglich, wo aber auch das Risiko auf alle Theilhaber fällt, muß jedenfalls derart angestrebt werden, daß der Arbeiter nicht bloß menschlich leben, nein, daß er auch seine Kinder erziehen kann, und sie nicht durch zu frühe Anstrengung um Gesundheit und Leben zu bringen gezwungen wird, daß er ferner sich für böse Tage Ersparnisse zurücklegen kann. Damit aber diese Zwecke des erhöhten Lohnes erreicht werden können, müssen auch geistige, d. h. religiöse Hilfsmittel angewendet resp. auf den Arbeiter wirksam gemacht werden, es muß daher der Kirche Einfluß, unbehinderte Wirksamkeit gestattet werden, wie das auch Leo XIII. bereits wiederholt in Encykliken betont hat. Von diesem Punkte will jedoch weder Marx noch seine Anhänger etwas wissen. Sie Alle kennen nur das Diesseits, sie reden nur vom Zwecke diesseitigen Wohlbefindens. Dadurch geschieht es, daß jede Lohnerhöhung, ja stiege sie bis zum vollen Werte der Arbeit, als ungenügend erscheint, denn die Genüsse, welche der Mensch anstrebt, ersehnt, macht keine und kann keine zugänglich machen.

Die Genußmittel lassen sich nie und nimmer in solcher Menge schaffen, daß alle Menschen das volle Maß von **möglichen** Genüssen erhalten könnten. Es ist darum gewissenlos, um nicht mehr zu sagen, den Arbeitern derartige Aussichten zu eröffnen, Fata morgana vor ihren Augen auftauchen zu lassen. Es gilt außer der Gerechtigkeit, welche ganz sicher und zweifellos von der Moral betont wird, von ihr all' den Mächtigen und Reichen mit Ernst und Strenge zu üben befohlen wird, auch für die Arbeiter stets zu beherzigen: daß es mit diesem Leben noch nicht abgethan ist. Man verstehe uns recht. Wir sagen durchaus nicht, daß man etwa die Arbeiter in gedrückter Lage erhalten und sie nur mit der Aussicht auf das Jenseits abspeisen solle, um sie willig zu erhalten, wir sagen auch nicht, daß der Kapitalismus etwa Gottes Wille sei, nein, wir warnen nur vor übertriebener Wertschätzung der irdischen Güter, wir machen auf die wirkliche Lage der Dinge aufmerksam. Damit ist durchaus nicht ausgeschlossen, das Möglichste an Genüssen für alle Menschen in rechter Weise zugänglich zu machen, und die Entsagung als freiwilligen Heroismus den Tugenden zuzugesellen. Wäre die irdische Seligkeit Zweck dieses Lebens, dann wäre diese Welt nicht bloß möglichst schlecht eingerichtet, nein, sie wäre für diesen Zweck ganz und gar ungeeignet.[1]) Daß die Entsagung bis auf einen bestimmten Grad, immer eine Sache der Notwendigkeit sein wird, sagt ein eminenter christl. Sozialpolitiker, F. Hitze[2]): „Auch einen guten Theil des vierten Standes möchten wir noch über das Niveau des Proletariats erheben durch Zuweisung eines bessern Einkommens. Alle aber können wir nicht retten; immer wird es einen vierten oder fünften Stand geben, bei dem der Lohn, das Einkommen, so ziemlich sich auf den durchschnittlich nothwendigen Lebensunterhalt reducieren wird."

Das ist auch unsere Anschauung. Wir stimmen dem verehrten Autor auch darin bei, daß das reine Arbeitseinkommen, weil eben naturgemäß niedrig, so wie das reine Renteneinkommen, weil Frucht fremden Schweißes, die Ausnahme bilden soll, das Normale hingegen die Verbindung beider.

Wenn man vom Kapital spricht, wie wir es im Vorhergehenden gethan, dürfen wir eine Seite nicht übergehen. Daß es hart und herzlos sei, haben wir gesehen, daß es rein materialistisch ist, also heute vollständig in des Wortes wirklichster Bedeutung erklärlich macht die Worte des Herrn: Ihr könnt nicht Gott und dem Mammon dienen, ist ebenso gewiß. Das Kapital ist auch eminent antichristlich, es verhält sich nicht bloß indifferent der Kirche, Religion, gegenüber, nein, es geht faktisch stets aggressiv gegen sie vor. Wo das Kapital zur Herrschaft gekommen ist, da brach der Kampf gegen die Kirche aus, da wurde die neue materialistische Moral von dem irdischen Zwecke des Menschen in tausenden und tausenden von Büchern und Zeitungen proklamiert und verfochten. Sobald dann die Regierung in die Hände des Kapitals gelegt war, wurde der

---

[1]) von Hertling, Christl. soz. Bl. 1882. S. 377.
[2]) Capital und Arbeit und die Reorganisation der Gesellschaft. Paderborn 1871. S 340.

Kampf mit Gesetzen und Verordnungen, Ausweisungen und Einkerkerungen geführt. Und das darf man am wenigsten übersehen: das Instrument des Kapitalismus war und ist der Bund der Freimaurer,¹) jener Bund, der sich humanitär nennt und das Glück der Welt zu befördern vorgibt, ohne darüber roth zu werden, daß die Millionen unter der eisernen Faust des Kapitalismus zu Grunde gehen. Diese Wahrheit ist so einleuchtend, daß die Protestanten sie ebenso einbekennen wie wir.²)

6. Palliativa.

Außer den bereits angeführten liberalen oder sozialistischen Systemen, ferner den Prinzipien von fundamentaler Bedeutung, welche sich bei Anwendung in der Praxis zu eigenen Systemen weiterentwickeln dürften oder werden, schwimmen auf der Oberfläche der sozialen Bewegung Vorschläge und Einzelnmaßregeln, welche zum Theile schon versucht worden sind, zum Theile erst eingeführt werden sollen. Wir nennen sie Palliativa, weil sie einzelnen schreienden Bedürfnissen zuvorkommen, wenigstens sollen, also nur in augenblicklicher Noth Abhilfe zu bringen bestimmt sind. Das Gemeinsame von allen ist, daß sie nur Verlegenheitsmittel sind, daß im Grunde die soziale Noth die selbe bleibt, wenn auch einzelnen Schichten Erleichterung, Befriedigung verschafft wird. Wenn dieselben indessen der Moral nicht widersprechen, haben wir nichts einzuwenden, nur möchten wir wünschen, daß alle Einzelnmaßregeln dem einen christlichen Grundgedanken von endgiltiger allgemeiner Lösung der sozialen Frage sich einfügen würden.

Das was wir hier von solchen Prinzipien anführen werden, könnten wir vielleicht sozialistische Sterne, Meteore wenn man will, nennen; sie leuchten wohl, aber es bleibt doch die Nacht. Manche sind sogar blos ein momentanes Lichtzucken: Sternschnuppen.

¹) J Albertus: Oesterreich, Deutschland ꝛc. Innsbruck 1880, S. 8. f.
²) Der radikale deutsche Sozialismus v. Rud. Todt. Wittenberg 1877, S. 63.

a. In erster Linie sprechen wir von den Protectionisten und Mercantilisten, den Schutzzöllnern und Freihändlern. Eine Charakteristik beider läßt sich ungefähr mit den Worten geben: Die Mercantilisten wollen fremde Staaten übervortheilen, ausnützen, die Protectionisten das eigene Land gegen fremde Ausbeutung sicher stellen. Länder mit großem Kapitale (in wenigen Händen, denn das nennt man heute reich) und mit entwickelter Industrie sind stets Freihändler: sie wissen, daß mit ihnen nicht concurriert werden kann, oder wenn der Versuch gemacht würde, daß sie alle niederconcurrieren. Das ist besonders der Fall mit England, dem nahezu alle Länder d. h. dessen Kapitalisten, tributpflichtig sind oder waren. Englands Politik beschränkt sich auch fast darauf, Absatzgebiete seiner Industrie zu erhalten, neue zu eröffnen. Es kommt ihm dabei auf einen Krieg nicht an, es macht sich nichts daraus, irgendwo in Zentralafrika oder Asien die Eingebornen eines Landes auszurotten, um Abnehmer seiner Produkte dorthin an ihre Stelle zu ziehen. Christen, Türken, will sagen Mohammedaner, Fetischanbeter sind ihnen gleichviel wert, wenn sie nur Kattun brauchen.

Die continentalen Länder Europas hingegen, bewogen durch die Nothwendigkeit, suchen sich durch Schutzzölle gegen Ausbeutung zu schützen, und den inländischen Produzenten industrieller und landwirthschaftlicher Produkte wenigstens den Markt des eigenen Landes offen zu halten. Die Mercantilisten zürnen darüber, behaupten unterschiedlich, daß die Consumenten den Schutzzoll entgelten müßten durch Vertheuerung der Waaren, aber die Noth der Zeit zwingt die meisten Staaten, auf ihre Einwände nicht zu hören. Das in der Spekulation investierte Großkapital sieht sich in seinem Wirken gehemmt; denn bei allgemeiner Freiheit könnte dasselbe seine Produkte bald da bald dort, bald in Europa, Asien oder Amerika kaufen, wo sie eben am billigsten zu haben sind, und auf den Markt bringen, um dabei den möglichst großen Gewinn zu machen.

Ob dabei beispielsweise der mit Steuern und Schulden überladene Bauer Europas zu Grunde gehe, weil er unmöglich zu den Preisen amerikanischen oder australischen Raubbaues erzeugen kann, ist dem Kapitale Nebensache. Die Mercantilisten kümmern sich nur um sich, sie sind Ganz-Liberale. Dasselbe Verhältniß besteht bezüglich der Industrie. Viele politisch, religiös und in Bezug auf unter ihnen Stehende auch wirthschaftlich Liberale sind übrigens schon Schutzzöllner geworden, wenn sie selbst von der Concurrenz zu sehr getroffen zu werden fürchteten. Die Freihändler nennen sie dafür Schmutzzöllner.

Vom Standpunkte der Moral ist gegen den Schutz der Landeskinder nichts zu sagen; im Gegentheile, es ist ja Pflicht und Zweck der weltlichen Obrigkeit, das materiale bonum zu fördern. Auch Roscher empfiehlt den Schutzzoll für Unterstützung der inländischen Industrie, zugleich mit Errichtung von Gewerbevereinen, „welche außer den generellen nützlichen Kenntnissen zugleich zum Eingreifen in den Gang der Industrie befähigen." Letzterer Punkt bringt uns zu einem anderen Begehren, welches auch zur Lösung resp. Förderung des Sozialismus vorgebracht wird: b. **Förderung des Unterrichtes in Fachschulen und zur Verbreitung der allgemeinen Bildung.** Beide Parteien, sowohl die herrschende liberale als die um die Nachfolgerschaft lüsterne, sind in dem Begehren nach Unterricht einig; die erstere will mit der Schule die Kirche, die Religion bekämpfen, will sich ein Volk heranziehen, das ganz und gar liberal gedrillt, ein gehorsamer Knecht liberaler Ideen wäre; letztere hofft Adepten für ihre Pläne zu finden, was wir ohne weiteres unterschreiben, denn **Liberalismus sättigt nicht,** Kirchenhaß und Religionsverfolgung bringt keine Erlösung vom Kapitalismus, verstrickt im Gegentheile immer mehr in denselben. Wenn eine Zeit möglich wäre, in welcher keine christliche Lehre mehr gepredigt würde, in welcher die Rechte jedes Menschen am Natur- und positiv göttlichen Rechte keinen Hintergrund hätten, wären die Sklavenketten für immer geschlossen.

Da wir über die Schulfrage nicht ex professo sprechen wollen, fügen wir hier nur Marlo's Urtheil über deren soziale Wirkung an[1]: „Wer Heilung (der Gebrechen der liberalen Gesellschaft) von der Schule erwartet, hält irriger Weise die

---

[1] A. a. O. II. S. 342.

Unwissenheit für die Ursache der Armuth). Erfreuten alle Glieder einer liberalen Gesellschaft sich des höchst möglichen Grades von Bildung, so würde dennoch, wenn auch das Talent hiedurch an Geltung gewänne, die große Mehrheit des Volkes auf die physische Nothdurft angewiesen bleiben und sich unter solchen Umständen offenbar weit unglücklicher fühlen, als in ihrem jetzigen verthierten Zustande."

Wir unsererseits wollen nur eine ganz kleine Bemerkung machen: Falsch und unaufrichtig wie der Liberalismus ist, kümmert er sich um die Arbeiterkinder nur so weit, als es ihn nichts kostet. Wo ein Kapitalinteresse eintritt, da tritt selbst die Schulpflicht zurück, denn der Kapitalist braucht billige Kräfte und so liefert man ihm die Kinder aus, begnügt sich mit ein paar Schulstunden, welche für das durch Arbeit ermüdete Kind ohne irgend welchen Nutzen sein müssen. Man denke an die Grausamkeit! Kinder über zehn, ja über sieben Jahren arbeiten durch den ganzen Tag. Abends, oft erst um sechs Uhr, beginnt die Schule. Weiter können wir nicht sprechen. Auch hier zeigt sich, daß dem Geldsysteme die Menschen des Kapitals wegen da sind.

Die vielen Mittel- und Hochschulen sind in der Theorie allen, in der Praxis nur den herrschenden Klassen zugänglich. Die Phrase von der liberalen Freiheit erweist sich auch hier als Phrase.

Vom Standpunkte der Moral ist gegen erhöhte Bildung nichts einzuwenden, wohl jedoch sehr viel für sie vorzubringen. Die irreligiöse, confessionslose, liberale Schablonierung der Kinder aber, welche ihnen die Ideale raubt und dafür den Stein seichten Rationalismus bietet, ist verwerflich, nicht erträglich. Wenn die Katholiken und Christen heutiger Tage überhaupt nicht so bedauerlich um ihre ernsten Anschauungen sowie frischen Mannesmuth und Bekenntnißtreue[1]) gekommen wären, eine Schule, wie die liberale hätte nie etabliert werden können, wenigstens nicht in jenen katholischen Ländern, in welchen

---

[1]) Siehe meine Broschüre: Bekenntnißnoth und Bekenntnißtreue. Wien 1882, Eipeldauer.

die Enteignung der großen Menge von allem Einzelbesitze noch nicht durchgeführt worden ist, wo es also noch Männer gibt, die nicht Sklaven des Kapitales sind.

c. **Förderung der Sittlichkeit.** Marlo sagt: „Die liberale Ordnung, welche dem unredlichen Erwerbe den Sieg über den redlichen verschafft, den Ueberfluß zum Preis des Wuchers, Spieles und Betruges, das Elend zum Lohne des Fleißes und der Redlichkeit macht, muß jedes sittliche Gefühl im Keime erstickend, zu einer totalen Entsittlichung führen und hat, wie der Zustand des heutigen Europas beweist, bereits dazu geführt."[1]) Im weiteren Verlaufe wird M., zum Theile wenigstens, ungerecht, indem er den Predigern der Moral Vorwürfe macht, als ob sie die Tugend und Entsagung nur nach unten predigen würden, was er eine Unsittlichkeit und Abgeschmacktheit nennt. Gewiß wäre es das. Aber der katholischen Kirche kann man es nicht nachsagen, daß sie der Convenienz huldige, daß ihre Priester den epikuräischen Genuß-Liberalen nicht die Wahrheit sagen. Die Beweise liegen vor. Eben weil die Kirche nicht schweigt, sich nicht in den Frohndienst begiebt, darum wird sie verfolgt, ebenso sehr, ja noch mehr hie und da als Communisten, Nihilisten u. s. w.

Natürlich predigen wir Sittlichkeit auch nach unten Auch jene verlassenen Kreise dürfen mit der Tugend nicht brechen. Es wäre nur zu wünschen, daß der Einfluß der Kirche nicht unterbrochen worden wäre. Durch Aufhebung der Sonntagsruhe, durch Hetzen gegen den Priesterstand u. A. hat der Liberalismus vielfach den Weg abgegraben.

Nicht überflüssig scheint hier eine sanfte Warnung vor Mißverständnissen. Die Armuth corrumpiert sittlich sehr leicht, wenn nicht gewöhnlich. Man findet darum unter den Arbeitern gerne ausgelassene Menschen, welche das Bischen Verdienst in der Schänke vertrinken u. s. w. Es ist nicht recht, aber erklärlich. Man hüte sich vor der Schlußfolgerung: würden die Arbeiter sparsam sein, mäßig, es gäbe keine Arbeiternoth. Verallgemeinert ist der Schluß unrichtig, in Einzelfällen mag er sicher berechtigt

---

[1]) A. a. O. S. 343.

sein. Der Arbeiter hat kein Heim, kein wohnliches, er lebt in
ungesunden Massenquartieren; er hat keine Häuslichkeit, denn
das Weib arbeitet auch Tagsüber in der Fabrik; er hat ferner
keine Stabilität, er weiß von heute auf morgen nicht, ob er
Arbeit und Brot haben wird, oder ob er auf die Gasse gesetzt
werden wird. In solchen Verhältnissen sucht er Betäubung.
Es ist nicht recht, aber erklärlich. Dort wo der Einfluß der
Religion erhalten ist, dort allein kann entgegengewirkt werden,
sonst nirgends.[1] Und hier ist der Punkt, bei dem jede soziale
Reform den Anfang nehmen muß. Die Sittlichkeit kommt erst,
hat erst dann einen Halt, wenn Religion vorhanden ist. Es
ist gar kein Zweifel, heute ganz besonders nicht, daß Unsittlichkeit in den niedern Kreisen, in den Kreisen der Armen, Arbeiter
u. s. w. von Tag zu Tag zunimmt, weil und wie sie in den
höhern Kreisen zunimmt. Sieht man genauer zu, so findet
man für Ersteres die ausreichende Erklärung sehr leicht. Wo
immer der arme Mensch mit der sogenannten, mit der liberalen
Kultur in Verbindung tritt, da harrt seiner eine große Gefahr.
Er lernt dort Verachtung des Uebernatürlichen, Wertschätzung
des Sinnengenußes kennen; er wird mit all' dem giftigen Hohne
bekannt, den der religiöse Liberalismus, im wahren Sinne des
Wortes ein Nihilismus, gegen Religion und Kirche nicht müde
wird zu ergießen. Dabei bleibt ihm seine Armuth, bleibt ihm
die Noth. Genießen wollen und nicht können, das ist ihm
nun Höllenqual.

Er sieht, wie die moderne Aufklärung sich über die Ge-
bote Gottes hinwegsetzt, er hört den Grundsatz in allen Ton-
arten in den liberalen Blättern herableiern: Wer nicht liebt
Wein, Weiber und Gesang, der ist ein Narr sein Leben lang.
Er sieht, wie die Prediger des Idealismus, wie wir Priester
von den armseligsten Revolverjournalisten beschimpft werden dürfen, wie Jedermann in der zeitgemäßen Wertskala steigt mit
dem Grade abgeworfenen, verachteten, vernachläßigten Christenthumes. Und da wundert man sich, daß die bösesten Thaten

---

[1] Bettler und Vagabunden. Von Dr. Scheicher, Wien 1881.

von Seite der verarmten Volkskreise zum Vorscheine kommen! Darin liegt entweder nicht mehr steigerungsfähige Bornirtheit oder widerlichste und gefährlichste Comödiespielerei. Was soll der Arme anders thun, als Verbrechen begehen, wenn das Lebensziel im Genusse besteht, wie der Liberalismus sagt, wenn es kein Jenseits gibt, und er dabei nicht die geringste Möglichkeit vor sich hat, je es nur zum standesmäßigen Leben eines Hundes der reichen Klasse zu bringen.

Letzteres sagen wir mit Vorbedacht. Ist es doch in der letzten Zeit gerade Mode geworden, in Paris und anderwärts, eigene Journale für Hundemoden herauszugeben. Die Hunde haben ihre Garderobe, müssen Tagsüber Toilette wechseln, je nachdem es Morgen, Mittag oder Abend ist; die Hunde haben Liegerstätten auf seidenen gestickten Polstern, die Hunde fahren mit ihren Herren oder Damen auf schwellenden Landauersitzen aus u. s. w. Soll da nicht Zorn und Abschen die niederen Kreise erfassen?

Es sind kürzlich beispiellos verwegene schlechte Thaten verübt worden. Wir haben es erleben müssen, daß in der belebtesten Straße von Wien beim Banquier Eisert eingebrochen, ein Kind gemordet, drei Personen tödtlich verwundet wurden; wir haben gelesen, daß ein Hugo Schenk jahrelang sich daraus ein Geschäft gemacht hat, durch Zeitungs-Annoncen heiratslustige Mädchen anzulocken und Eine nach der Andern in der Zeit des Brautstandes auf heimlichen Spaziergängen und Ausflügen zu tödten. Ach da schrieen die liberalen Henchler von Abnahme der Sittlichkeit, von Verdorbenheit der niederen Klassen, aber von Abnahme der Religion durch ihr eigenes Vorgehen, redeten sie nicht. Im Gegentheil, sie freuten sich königlich, daß dieselben Volksklassen ihren Mann oder ihre Männer stellten, einen Prediger mit Steinen von der Kanzel zu jagen, weil er die Nothwendigkeit von Moral und Glauben nach Unten vertheidiget hatte.

Eines thun sie, in diesem einen Punkte bleiben sich diese Tartuffe gleich: jeden Verbrecher gesellen sie ihren Gegnern, den Sozialisten zu und nehmen Anlaß, die sozialistischen Reformbestrebungen in Bausch und Bogen schwer zu verleumden. Freilich stehen die Verbrecher auf Seite der auf Abänderung sinnenden Partei, aber stets auf jener, auf welcher man nicht Reform, sondern Revolution will. Für friedliche Aenderung können sie nicht sein, denn so viel sie wollen, schrankenlosen Genuß, kann keine Reform bringen. Diese Verbrecher, die Anarchisten überhaupt, hängen mit den Sozialisten nur äußerlich zusammen. Erstere haben sich an die Rockschöße der Letzteren ohne deren Willen gehängt. Es ist ein himmelschreiendes Unrecht, es ist aber zugleich die größte Unklugheit, die edlen sozialistischen Bestrebungen der von den Liberalen ins Leben gerufenen Umsturzmänner und Verbrecher wegen zu verdächtigen, durch den Strafrichter verfolgen zu lassen.

Wann wird man an maßgebender Stelle einmal klar sehen? Die Leute um die Existenzmöglichkeit und zugleich um den Glauben bringen lassen und sich über die Zunahme der Verbrechen beklagen, das fasse, wer es fassen kann.

Daß die liberalen Genußmenschen selbst nicht so viele Verbrechen begehen, als ihre armen Dupe's, ist selbstverständlich. Man gebe den Proletariern die gut dotierten Stellen, Sinekuren, die Villen und Maitressen der besitzenden Klassen, sie werden es auch bequemer finden, auf der Ringstraße zu promenieren, in Theatern die Ballets anzuschauen, als die Polizei, Zuchthaus und Galgen sich auf dem Nacken zu wissen. Kann man das nicht, wie man es wirklich nicht kann, so beachte man selbst die höhere Bestimmung des Menschen, erfülle seine Pflicht und lasse den Glauben nicht untergraben, dann erst kann die Sittlichkeit aus ihrem Grabe wiederauferstehen.

Ohne Religion gibt es keine Reform der Sittlichkeit. Will man uns nicht glauben, so beachte man, was Roscher sagt, jener Nationalökonom, den die Liberalen, die Kapitalherren für sich in Anspruch nehmen, freilich ohne dessen ebenso gelehrte, als geistreiche Werke je gelesen zu haben. Natürlich für dieses Publikum ist Gelehrsamkeit das, was Caviar für den gemeinen Mann ist. Die Anhänger des sogenannten heiteren Lebensgenusses lieben nur jene Erzeugnisse der Buchdruckerkunst, bei welchen auf jeder Seite einige Anzeigen über Verkaufsorte von Gummi und Fischblasen zu lesen sind, in welchen der „kleine Anzeiger" mit der Abbildung der sus scrofa domestica statt einer generellen Ueberschrift geschmückt sein könnte. Nicht bloß die Mörder des judex curiae v. Majlath, des Banquier Eifert u. s. w. u. s. w. erwiesen sich als Anhänger und Gebrauchmacher von dieser Art Literatur, indem man sie, unmittelbar nach den blutigen Thaten, bei jenen Damen fand, deren Moniteur der „kleine Anzeiger" ist, nein, die Kreise der liberalen Bourgeoisie halten sammt und sonders an denselben Gummi- und Fischblasenorganen fest. Ob sie ahnen, oder ob sie selbst dazu zu verdummt sind, um die genannten Mörder und Unzuchthelden an ihren Rockschößen zu spüren? Jedenfalls könnte ein Sozialist dieselben mit besserem Rechte diesen Liberalen zurechnen, als man Verbrecher und Umsturzmänner den Reform-Sozialisten anhängen darf.

Roscher schreibt[1]): „Es wäre eine arge Verkennung der menschlichen Natur, wenn man glauben wollte, daß die Selbstbeherrschung und gegenseitige Duldung von Reich und Arm, die zu heilsamer Entwicklung unentbehrlich ist, auf bloßer Einsicht ohne Religion beruhen kann. Nichts ist verkehrter, als wenn jetzt mancher „Gebildete" den Sozialismus dadurch bekämpfen will, daß er eine irreligiöse Halbbildung verbreitet: die kann im Ernste blos zur Verstärkung des gefürchteten Gegners dienen! Nach hundert Jahren (so spät erst erhofft Roscher das Vernünftigwerden der liberalen Kreise?) wird man es wunderbar finden, wie jetzt so viele, übrigens wackere und gescheidte Männer sich hierüber täuschen konnten. Sowie eine echte und allgemein verbreitete Religiosität uns von jeder unerträglichen Ausartung der bestehenden Wirthschaftsverhältnisse bewahrt haben würde (!), so ist auch unter allen vorgeschlagenen Reformen keine einzige, die nicht zu ihrer gedeihlichen, ja überhaupt nur haltbaren Durchführung eine wesentliche Steigerung und Verallgemeinerung echter Religiosität im Volke voraussetzte."

---

[1]) Geschichte der National-Oeconomik S. 1025.

d. **Erschöpfende Armenpflege.** Die Charitas hat Wunder gewirkt, und ist es mit Worten nicht zu sagen, wie viele Thränen sie getrocknet hat. So gewiß es ist, daß die Charitas immer bleiben und wirken[1]) muß, weil sie zu den nothwendigen Tugenden gehört, und so gewiß es ist, daß sie immer Menschen finden wird, an welchen sie sich zu erproben hat, so gewiß ist es auch, daß heute die soziale Nothlage im Ganzen mit der Charitas nicht gelöst werden kann. Allerdings in kleineren Territorien mit nur entsprechender Bevölkerung wird die absolute Noth bei richtiger und gewissenhafter Anwendung der Charitas behoben werden können, in größeren gewiß nicht. Was dann erst die relative Nothlage betrifft, da begreift wohl jedermann, daß die Charitas einzelnen Individuen beispringen kann und wird, weiter gar nichts. Ausschlag gebende Thaten der Charitas nehmen übrigens ab, entsprechend den Worten der Schrift, daß mit dem Erkalten des Glaubens auch die Liebe erkalten werde.[2]) Je mehr die Vermögenszusammenfassung in den wenigen Händen Liberaler Platz greift, desto weniger wird zur Unterstützung flüssig werden, weil eben die **gläubigen** Kreise immer mehr enteignet, der Mittel zur Unterstützung beraubt werden.

Das, was der glaubenslose Liberalismus zur Unterstützung thut, und wie er es thut, ist im wahren Sinne des Wortes empörend, widernatürlich. Um Gottes Willen gibt er nicht, aus Gerechtigkeit auch nicht, sondern aus Mode, Sucht Aufsehen zu machen 2c. Man tanzt, singt, musiziert und genießt mit voller Kraft, verzehrt Hunderte, um einen Gulden für Wohlthätigkeitszwecke flüssig zu machen. Der Liberalismus scheint heute wie Ludwig XIV. zu denken: die Verschwendung der Könige (sowie die der Börse, der Industrie) ist Almosen für die Armen.

Doch lassen wir die Motive dahingestellt sein, nehmen wir auch an, es würde jedermann, der Mittel hat, Almosen

---

[1]) Marc. XIV. 7: Semper enim pauperes habetis vobiscum.
[2]) Matth. XXIV. 12.

geben, nach seinen Kräften, der sozialen Noth wäre nicht abgeholfen. So müssen wenigstens alle jene schließen, welche von der wirklichen Lage der Dinge Kenntniß haben. Indessen könnte gewiß mehr geschehen, als geschieht. Und da ist die Idee, welche Linsenmann[1]) ausspricht, am wenigsten zu übersehen: sozial fasten. Die reichen Kreise sollen entsagen, nicht genießen, und das, was sie sich abgespart haben, den Armen geben. Das nennt der genannte Moralist im Geiste Christi fasten; nicht aber sich nur einer Qualität Speise enthalten, um auf der andern Seite den Tisch lucullisch, allerdings mit Fastenspeisen zu besetzen. Die liberale Almosenspendung durch Bälle und Tanz und die „Fastentafeln" gläubiger Kreise dienen in gleicher Weise dazu, die Armen zu empören, ihnen beide Menschenklassen als selbstsüchtige Comödianten hinzustellen.

c. Garantie der Arbeit und Pflicht der Arbeit. Der Liberalismus kann seinem Prinzipe gemäß weder von dem einen noch von dem anderen sprechen, da die schrankenlose Freiheit, die er mit Worten wenigstens bekennt, beiden entgegen ist, der Communist hat es nicht nothwendig, da bei seinem Systeme beides selbstverständlich sein würde. Unter anderen sozialistischen Parteien spielt jedoch das Recht auf Arbeit eine bedeutende Rolle, während von der Pflicht zur Arbeit zunächst nur die Moral spricht. Die französische Verfassung von 1791 verpflichtete die Gesellschaft, „gesunden beschäftigungslosen Armen Arbeit zu verschaffen", und die von 1793 erklärte „öffentliche Unterstützungen für eine h. Schuld." Praktisch hatten beide Bestimmungen keinen Erfolg.

Im Jahre 1848 erschien das Dekret: die provisorische Regierung der Republik verpflichtet sich, dem Arbeiter seine Existenz durch die Arbeit zu garantieren; sie verpflichtet sich allen Bürgern Arbeit zu verschaffen." L. Blanc war der Urheber dieser Verordnung, die aber am 15. September von der Constituante verworfen und in die Verfassung nicht aufgenommen wurde.

Ein Theil der Neuliberalen oder Halbliberalen gibt mit

---

[1]) Lehrbuch der Moraltheologie. Freiburg 1878 S. 383.

den Conservativen ein Recht der Arbeiter zu, zu verlangen, daß ihnen wenigstens unqualifizierte Arbeit gegeben werde, um ihr Leben fortzubringen, falls durch außergewöhnliche Verhältnisse es denselben nicht möglich wäre, anderwärtige Verwendung oder Brod zu finden.

Im Grunde ist diese angenommene Garantie der Arbeit wohl nichts anderes als verbrämte Wohlthätigkeit, die nur darum an die Form der Arbeit geknüpft zu sein scheint, damit die betreffenden Arbeiter ihrerseits das Möglichste thun, um baldigst wieder freie, qualificierte Arbeit zu finden, ein Zweck, den auch die englischen Werkhäuser haben. Auch praktisch ist das Arbeitsrecht längst anerkannt. Nicht selten schreitet ein Staat zu Nothstandsbauten, um Beschäftigungslose zu beschäftigen, sie nicht in Müßiggang, Hunger und Hungertyphus, Landstreicherei und Stromerthum verfallen zu lassen. Eine solche Vorsorge, eine Pflicht der Gesellschaft in außerordentlichen Fällen anzuerkennen, scheint uns daher nur natürlich und nicht als ein folgenschweres Wagniß, wie den liberalen sozialpolitischen Schriftstellern, welche irrthümlicherweise glauben, daß damit ein Anspruch an einen einzelnen Produzenten gemeint sei. Nein, letzteres ist nicht der Fall, sondern die Gesammtheit hat für Arbeit oder Unterstützung Sorge zu tragen.

„Jeder Mensch," heißt es bei Hitze,[1]) „hat ein Recht darauf, daß ihm Arbeit gegeben werde, um seinen Unterhalt verdienen zu können", und an einer andern Stelle: „Die Besitzer müssen den Arbeitern die Arbeitsmittel zuweisen, wenn sie selbst nicht produzieren wollen zu eigenem Gebrauche, bis sie wieder selbst die Produktion in die Hand nehmen."

So ferne in besagten Umständen an einzelne Besitzende gedacht würde, könnte es sich jedenfalls nur um eine sittliche Pflicht handeln. Ein Rechtsverhältniß läßt sich nicht statuieren, wie von Hertling mit vollem Recht bemerkte. Das Rechtsverhältnis besteht mit der Gesellschaft. Jeder Mensch hat naturrechtlich ein Recht auf sein Leben, also auch die Erhaltung desselben. Ist er durch die gesellschaftliche Ordnung gehindert,

---

[1]) A. a. O. S. 147.

seine körperlichen und geistigen Kräfte zu gebrauchen, sich den
Lebensunterhalt zu erwerben, und das kann, weil alle Produktions- und Consumtionsmittel in der Gesellschaft ihren Herrn
haben, bei Abgang von Arbeit leicht geschehen, so fällt zweifelsohne der Gesellschaft die Pflicht zu, für die Nothleidenden Sorge
zu tragen.[1]) Jedoch ob sie ihnen Arbeit zuweist, oder sie im
Wege der Armenunterstützung unterhält, darüber lassen sich keine
Prinzipien aufstellen, das wird von verschiedenen Umständen
abhängen. In England wenigstens war man stets in großer
Verlegenheit, die in den Werkhäusern Befindlichen zu beschäftigen. Produktive Arbeit sollte es nicht sein, weil sonst andere
bisher noch beschäftigte Arbeiter um das Brod gekommen wären,
und unproduktive wußte man nicht stets aufzubringen. Etwas
Analoges gilt bekanntlich von der Strafhausarbeit, über deren
Concurrenz so viel und wie uns scheint mit Recht geklagt wird.

Graf Kuefstein[2]) sagt: „Vom religiösen Standpunkte
hat jeder Mensch ein Recht, seine Arbeitskraft zu eigenem Nutz
und Vortheil anzuwenden. Eine der wichtigsten Pflichten einer
geordneten Gesellschaft ist es daher, Einrichtungen zu treffen,
die es unter gewöhnlichen Verhältnissen allen ihren Gliedern
gestatten, ihre Arbeitskraft nützlich anzuwenden." Auf die Frage,
ob auch jedermann die **Pflicht** habe, zu arbeiten, antwortet
derselbe Autor: „Vom religiösen Standpunkte aus hat der
Mensch die Pflicht zu arbeiten; deßwegen sagt der h. Paulus:
Wer nicht arbeitet, soll auch nicht essen." „Diese moralische
Pflicht zu arbeiten, hindert nicht das Recht des Eigenthums
an produktiven Gütern und hindert nicht ein Einkommen aus
fremder Arbeit zu erhalten; aber der Genuß dieses Rechtes
legt denjenigen, die in der bevorzugten Lage sind, nicht bemüssigt zu sein, durch eigene Arbeit das tägliche Brot zu gewinnen, die h. **Pflicht** auf, durch andere **den Mitmenschen
nützliche Arbeiten** die gewonnene Zeit zu verwenden und so
eine Schuld der Dankbarkeit für die erhaltenen nicht selbst er-

---

[1]) Christl. soz. Bl. 1882, S. 370.
[2]) Oest. Mon. f. Gesellsch.-Wissenschaft, 1882 S. 209 f.

arbeiteten Güter den Mitmenschen und der ganzen Gesellschaft abzutragen, ferner den Ueberschuß des Einkommens in einer der Gesellschaft, namentlich den Hilfsbedürftigen nützlichen Weise zu verwenden."[1]

Jeder Mensch hat also Pflichten der Gesellschaft gegenüber. Und wer von der Gesellschaft nur empfängt und nicht in irgendwelcher Weise, durch geistige oder körperliche Arbeit, ihr auch etwas wiedergibt, der nenne sich keinen Christen. Man vergißt so oft auf diese Wahrheit nach Oben hin. Dem halbwegs rüstigen Bettelmanne ruft man allerdings gleich die Mahnung zu: arbeite! und thut recht daran. Ob aber nicht Tausende nur consumieren, nur bemüht sind Vergnügungen zu erdenken, ohne der Gesellschaft irgend einen Nutzen zu bringen, davon spricht man nicht. Wem aber viel gegeben ist, von dem wird viel begehrt werden, sagt die Schrift.

f. Zünfte und Innungen. So viel verschrieen die Zünfte von einst waren, so gerne man sprichwörtlich verrottete Zustände nach ihnen benannte, so ist trotzdem heute ein derartiger Umschwung der Anschauungen bereits eingetreten, daß ein wenigstens theilweises Wiedererrichten derselben momentan im Werke ist. Ein großer Streit herrscht bis zur Stunde nur darüber, ob freiwillige oder obligatorische Genossenschaften angestrebt resp. errichtet werden sollen.

Für Zünfte schrieb schon Marlo, was ihm Schäffle, der sonst den großen, leider lange übersehenen Nationalökonomen in's Licht zog und viele Ideen desselben adoptierte und weiter entwickelte, nicht zum Vortheile anrechnete. Für Oesterreich ist die Frage abgethan. Mit Oktober begann das neue Gewerbegesetz seine Wirksamkeit und es wird sich bald zeigen, ob es und wie weit es die Hoffnungen erfüllen wird.

Das Gesetz ist noch halbliberal; denn die Gewerbefreiheit ist nicht aufgehoben, nur in etwas durch den nothwendigen Befähigungsnachweis erschwert. Die neue Auflage der Innungen berührt den Fabriksbetrieb nicht, dieselben sind auf das Hand

---

[1] Oest. Mon. f. Gesellsch.-Wissensch. 1882, a. a. O.

werk beschränkt. Die Wirksamkeit derselben kann daher nur eine partielle sein. Indessen scheint es uns, daß man es auch schon dankbar anerkennen müsse, wenn wenigstens eine Abhilfe für e i n e Klasse geschieht. Ob das viel sein wird, wissen wir nicht. Bei Aufrechterhaltung der Gewerbefreiheit wird die Zahl der Meister immer zunehmen, der Befähigungsnachweis wird keine nennenswerthe Veränderung in den bisherigen Zuständen hervorrufen. Die Concurrenz bleibt auf diese Weise groß und es wird immer eine Anzahl geben, welche in diesem Kampfe um's Dasein zu Grunde gehen werden, die sonst, wenn sie Gesellen, Arbeiter geblieben wären und nicht geheirathet hätten, über die physische Noth leicht hinweggekommen sein würden.

Vom Standpunkte der Moral ist gegen Innungen nichts zu sagen. Gegen die obligatorischen m ö g e n Gründe der Opportunität vorgebracht werden können, für den Zweck, den wir uns gesetzt, ist ein weiteres Eingehen in diese Frage nicht nothwendig.[1])

ɡ. Homesteads. Höferecht, Grundentlastung ꝛc. Die Massen sind in Fluß. Was die Innungen für die Handwerker, das sollen vorgenannte noch in Diskussion befindliche Einrichtungen dem Stande der Landbauern leisten. Auch dieser Stand ist durch den Kapitalismus ins Unglück gestürzt worden. Alle Schwankungen des Geldmarktes fibrieren auf dem Lande nach, die Freiheit führt zur Freiheit vom Besitze und zur sicheren Aussicht, im besitzlosen Proletariate zu versinken. Der Wichtigkeit des Standes wegen und der großen Gefahr, die ihm und damit den Staaten droht, ist man in maßgebenden Kreisen aufmerksam geworden, und nun, nachdem das Rad in's Rollen gekommen, darf man wenigstens einige Hoffnung haben.

Man spricht von Entlastung des Grundbesitzes durch eine Regierungsaktion;[2]) man spricht von Schaffung unzerstückbarer

---

[1]) Eine sehr lesenswerthe Manifestation siehe: Fr. Hitze n der österr. Monatsschr. f. Ges. W. 1882. S. 393 ff.

[2]) Ein vorzügliches Verdienst dießbezüglich muß für Oesterreich dem öfter genannten Frhrn. v. Vogelsang zugeschrieben werden, wenn damit schon genug gesagt ist.

und nicht verschuldbarer Heimstätten, man plant ein neues Erbgesetz, um die Verschuldung durch Kapital-Auszahlung an die Anerben einzuschränken[1]), und hat noch mehrere andere Pläne in Aussicht genommen, gegen welche der Kapitalismus Gift und Feuer sprüht, wir hoffen vergebens.

So ist die Loslösung der einzelnen Stände aus den aussaugenden Polypenarmen des Kapitales wenigstens inauguriert. Wir hoffen, daß sich das Wort vom absterbenden Kapitalismus bald erfüllen wird. Die Moral könnte sich darüber nur freuen, vorausgesetzt, daß eines nicht vergessen wird, worüber im Schlußkapitel.

7. Föderalismus und Katholicismus.

Wenn wir das Wort Föderalismus anwenden, so ist begreiflicherweise darunter nicht der politische gemeint, wie er in unserm Vaterlande von den Einen vertheidigt, von den Anderen verworfen wird. Zunächst betrachten wir den Ausdruck im Sinne des Erfinders: Marlo und desjenigen, der letzteren zuerst nach Verdienst gewürdiget hat: Schäffle.

Marlo unterschied unter den Kapitalisten mit Recht den Rentner — der sich mit dem gewöhnlichen Nutzungspreis begnügt, — den produktiven Unternehmer, — der selbst thätig ist — und den Plutokraten — den unredlichen und unproduktiven Kapitalisten. Letztere, auch Geldadel genannt, schildert Marlo der Wahrheit gemäß: „Der Geldadel allein will keine sozialen Reformen. Er nennt die Sozialreformer verschrobene, zerstörungssüchtige Geister, Feinde der Zivilisation, krankhaften Auswuchs der Gesellschaft und sagt: man müsse solchen Ungeheuern gegenüber selbst die Freiheit opfern, um die Zivilisation zu retten, i. e. man könne sich jede Gewaltthat erlauben, um die bestehende Ordnung (eigentlich Barbarei, da das unredliche

---

[1]) Siehe Rodbertus-Jagetzow.

Kapital wie ein privilegierter Räuber, oder ein autokratischer Häuptling Zentralafrikas alle andern Menschen aussaugt und ausnützt, auch den Rentner und produktiven Unternehmer) zu erhalten." Dieses Kapital oder diese Geldadel ist conservativ in liberalen Staaten i. e. er will diese seine exzeptionelle Stellung erhalten, revolutionär in monopolistischen Staaten. Diese Partei basiert auf Lüge, indem sie sich Namen beilegt, welche gar nicht passen, indem sie das Königthum zu stützen vorgibt, während sie es nur zu ihrem Dienste herabzieht. Indem sie listig den alten Adel seiner politischen und sozialen Vorrechte beraubt, nennt sie sich die Mittelklasse; obwohl sie die erste Stelle in der Gesellschaft einnimmt, nennt sie sich Bürgerthum, obgleich sie nur einen geringen Theil desselben bildet; nennt sich constitutionell, weil sie und sofern sie durch einen von ihr abhängigen Minister regiert; ja diese Partei nennt sich sogar demokratisch, als ob sie die Interessen des gemeinen Volkes vertreten würde, weil das Verstand begabte, aber ihn nicht gebrauchende Wesen, Mensch genannt, sich durch schöne Worte täuschen läßt. Sie nennt sich auch die Ordnungspartei, weil sie laut schreit, wenn auf die ihr dienstbare Ordnung auch nur ein leises Luftzügchen fällt von einer Seite, wo man Grund hat mit dieser Ordnung nicht sehr zufrieden zu sein.

Dieser Plutokratie gegenüber hält Marlo einen Kampf für unausweichlich, nothwendig. Führer im Kampfe würde der Föderalismus sein, dessen Aufgabe wäre: die kapitalistische Wirthschaftsweise in Bezug auf Großbetrieb fortzusetzen, ja ihr vielleicht noch größeren Umfang zu geben. Aber das Alles würde bei strengster Schonung des Privateigenthums und der Consumtionsmittel mittelst Associationen, verbesserten, weiter ausgebildeten Innungen mit sozietärem Geschäftsbetriebe geschehen. Dadurch sei das Gute aus beiden Systemen vereint, die Abwege des Kapitalismus mit unumschränkter Freiheit und des Communismus mit unbeschränkter utopischer Gleichheit vermieden.

Was die Ausführbarkeit, die Aussichten auf Effektuierung betrifft, so scheint sich Marlo so wenig als Schäffle, der im großen Ganzen die föderalistische Idee acceptiert, keinen Täuschungen hingegeben zu haben: sie befürchteten schwere Krisen. Der Kapitalismus corrumpiere das Volk und treibe es zu Excessen, aus welchen der Communismus möglicherweise als Sieger hervorgehen könne, nach Attilas Weise, niederreißend, Blut und Mord in seiner Begleitung führend, ohne Fähigkeit, aufzubauen, weil ja die communistische Idee utopisch sei. Zur Rettung der Gesellschaft müßte und würde man dann zum Schlusse den Föderalismus adoptieren. Besser wäre es, wenn der blutige Interims-Communismus vermieden werden könnte.

Wir unserseits sind bezüglich des ersten Theiles ganz derselben Anschauung: auch wir fürchten, daß die Aufregung unter den „Enterbten", wie man heute mit Vorliebe sagt, einst auf das Maximum der Spannkraft steigen werde und dann der Kessel platzen könne. Wenn er platzt, dann wissen wir, was daraus folgen wird, ja muß: man denke an die Pariser Commune. Höchst unzufriedene Menschen, welche zähneknirschend die Zeit herbeisehnen, in welcher es ihnen gestattet wäre, der Wuth des Herzens Ausdruck zu geben, gibt es überall; in großen Städten nach Tausenden, in kleinen nach Hunderten, auf dem Lande in den Dörfern in entsprechender Anzahl. Schreiber dieses würde gerne auf den Ruf eines wahren Profeten verzichten, aber er fürchtet das Gegentheil. Durch Verkehr mit Arbeiterkreisen haben wir Blicke in Menschenseelen thun können, die uns erschreckten. Es ist die bittere Stimmung der unbefriedigten Genußsucht dort eingezogen, es brüllt der Sturm des Hasses dort, weil man die Befriedigung sich durch Unrecht entzogen denkt, des Neides, weil eine Unzahl geputzter Genußmenschen auf der Welt herumwandeln. Letztere haben kein höheres Ideal, als sich zu unterhalten, zeigen demonstrativ als liberale Aufklärlinge, daß sie kein Gewissen kennen, daß das Wort Pflicht aus ihrem Wörterschatze gestrichen ist. Den darüber erbitterten Menschen hat zu allem Ueberflusse der Materialismus die Ansicht beigebracht, daß man nur einmal lebe, daß der irdische Lebensgenuß einziger Hauptzweck sei, dem man, wenn man wolle und sich dafür erwärmen könne, einige humanitäre und philantropische Tropfen beimischen könne, wozu aber keine moralische Verpflichtung vorliege. Mensch und Thier sind nur graduell unterschieden.

Wir vom Standpunkte der Moral sind auch Föderalisten, wir verbinden auch zwei Systeme, allerdings in einem anderen Sinne, als Marlo, Schäffle, überhaupt als man sonst das Wort anzuwenden pflegt.

Wir sehen erstens den Grund des Elendes in dem Mangel richtigen Föderalismus. Die Einen, wir brauchen dieselben nicht neuerdings aufzuzählen, haben nur den Materialismus auf die Fahne geschrieben, theoretisch Allen Befriedigung, praktisch nur den Starken zuerkannt. Die Anderen haben nur das Geistige, das Entsagen geprediget,[1]) zu wenig mindestens beachtet, daß ein gewisser Grad irdischen Wohlbefindens erreichbar sei, auch erlaubter Weise angestrebt werden dürfe. Das sinnlich-geistige Geschöpf, der Mensch, hat ein Recht, auch für den sinnlichen Theil etwas zu erwarten.

Abhilfe kann es daher nur geben, wenn dieser Föderalismus anerkannt wird: Das Anstreben des ewigen Zieles bleibt die Hauptsache[2]) — die ewige Glückseligkeit nemlich — das entsprechende, mögliche, irdische Wohlbefinden aber gebührt auch allen Menschen nach Fähigkeiten, Möglichkeit und Bedürfniß, und ist es nicht gestattet, sie dessen mit Gewalt, List, Lug und Trug zu berauben.

Einen Föderalismus empfehlen wir allen Kreisen: oben und unten erinnere man sich des vorgedachten Prinzipes. Jedermann hat Pflichten, er erfülle sie, niemand begnüge sich zu verzehren. Föderalismus empfehlen wir endlich noch in Bezug auf Ausführung durch die obrigkeitliche Gewalt: Einigkeit zwischen Staat und Kirche, Unterordnung des Materiellen unter das Geistige. Freiheit also der christlichen Idee in erster Linie, Anerkennung der sozialen Aufgabe des Staates in zweiter.

---

[1]) Siehe Perin, die Lehren der Nationalökonomie. Freiburg 1882. S. 84 ff.

[2]) Eine ausgezeichnete Abhandlung hierüber bei Carl Werner a. a. O. S. 203

Weg endlich mit der durch und durch verfehlten Methode durch den Polizeistock curieren, Ideen confiscieren zu wollen. Gewiß kann der Staatsanwalt sehr klar nachweisen, daß der und jener Sozialist, Sozialdemokrat u. s. w. der herrschenden Ordnung gefährlich sei, das Gericht kann auf Einsperrung erkennen, aber der Geist ist dadurch nicht getroffen. Der Geist saugt seine Nahrung aus den faktischen Verhältnissen.

Die faktischen Verhältnisse entsprechen der Moral, entsprechen der Gerechtigkeit nicht. Sie werden nur aufrecht erhalten mit der Gewalt des Schwertes. Wer aber das Schwert ergreift, wird durch das Schwert umkommen, sagt die Schrift. Wir meinen, man versteht, was wir sagen wollen. Revolution und Reform liegen heute noch bei jenen Männern, welche die Welt regieren. Mögen sie wählen. Die Moral verdammt die Revolution, aber sie muß auf Reform um so strenger dringen.

Der Aufgabe der Kirche wird selbst der Protestant Schäffle zum Theile gerecht. Er schreibt[1]): „... mit dem kirchlich-religiösen Leben muß jede große, die Massen berührende Bewegung rechnen. Zumal die soziale Reform, welche so sehr die Erweckung humaner Gesinnung und die Bannung des heidnischen Geistes der Ausbeutung von Nebenmenschen zur Voraussetzung hat. Das religiöse Leben, in welchem die Beziehung zu Gott und allen Mitwesen eine innere gefühlsmächtige Vereinigung der sittlichen Wesen wird, bringt uns damit den Gesellschaftsberuf zum moralischen Bewußtsein; die Kirche wird, je reiner ihre theologische Moral, desto mehr dieses Bewußtsein anschaulich heranbilden. Beide werden daher von entscheidendem Einfluß auf die sittliche Auffassung aller sozialen Pflichten und Aufgaben sein. Schwerlich wird sich jemals ein mächtigeres Zentrum für die Hegung wahrer Nächstenliebe bilden, und der reine Humanismus ist meist, wo er sich ganz frei glaubt, in der Athmosphäre reiner religiöser Moral genährt worden. Die christliche Religion ist trotz der heidnischen Verunreinigungen,

---

[1]) A. a. O. S. 613.

welchen sie unterlegen ist und noch unterliegt (Autor meint die Accomodation an die concreten Verhältnisse zur Zeit des Monopolismus und Liberalismus) in ihrem moralischen Borne eine Religion der reinsten Nächstenliebe. Die Hervorkehrung dieser unvergänglichen moralischen Stärke wird auch den kirchlichen Veranstaltungen der christlichen Religion einen neuen ungeahnten Einfluß in der neuen Zeit, welcher wir entgegen gehen, sichern; denn die soziale Reform bedarf einer Erweckung der Nächstenliebe gar sehr, um heidnischer Mißachtung sittlicher Wesen, um der Ausbeutung der verwahrlosten Gesellschaftsklassen auf friedlichem Wege Herr zu werden. Insoferne verdient jede moraltheologische und kirchliche Beschäftigung mit der sozialen Frage meines Dafürhaltens **mehr Aufmerksamkeit**, als jetzt zugestanden werden will . . . . freilich muß die religiös-kirchliche Auffassung der sozialen Frage wirklich vom Geiste der christlichen Moral getragen und darf nicht vom Bestreben eingegeben sein, Klassenunfrieden zu stiften, um im Trüben dieses Unfriedens hierarchische Fischzüge zu machen. (?)

Die religiös kirchliche Einmischung in die sozialen Reformbestrebungen darf auch nicht damit beginnen, wenigstens sich nicht damit begnügen, nur den arbeitenden Klassen, die wahrlich keinen Mangel an Entbehrung haben, Aufopferung und Enthaltung zu predigen. Mögen sie, statt in Hofkirchen die Seligkeit des Steuerzahlers auszumalen, die herrschenden Klassen bis zu jener obersten Sprosse der sozialen Stufenleiter, von wo aus Einzelne über die Geschicke der Millionen entscheiden, mögen sie den theilweise von Hoffart stinkenden Reichthum an Aufopferung und an die sozialen Fragen erinnern."[1]

Wir müssen den Autor unterbrechen, denn hier wird er nicht bloß bitter, hier wird er ungerecht, wenn er auch den ka-

---

[1] Auch Roscher sagt in der wiederholt zitierten Geschichte der Nationalökonomik S. 1047, daß keine wirthschaftliche Reform gelingen kann ohne sittliche Besserung der Völker, keine sittliche Besserung ohne reinere und lebendige Religiosität, und daß alle bloß subiective Religiosität halt- und wirkungslos sei.

tholischen Klerus im Auge haben sollte. Ob der protestantische mit Recht die Vorwürfe verdient, wissen wir nicht, weil uns die Prämissen zu einem begründeten Schlusse fehlen. Unserseits müssen wir protestieren. Der h. Vater in erster Linie beschäftigt sich sehr eindringlich mit der sozialen Frage, der Klerus im großen Ganzen thut es auch. Mag hie und da bei ihm, wie wir Eingangs zugestanden, noch die Naivität des Philisters vorwiegen, mag ihm ein Eindringen in die Tiefen des sozialen Elendes nicht möglich sein, mag er auch, an sich freilich bedauerlich, sehr irrige Anschauungen haben, aber sorglos ist er nicht, theilnamslos ist er nicht.

Wer vermag auch überhaupt heute schon zu sagen: gerade dieser Weg ist der richtige? Die zeitgemäße Sozialwissenschaft ist noch verhältnismäßig jungen Datums, die Hindernisse, die ihr entgegenstehen, sind enorm, sie kann im Ganzen noch immer nur Gedankenkapital sammeln und das thun sie, das thun die besten Männer des Volkes der Klerus mit. Wir haben viele Systeme und Pläne und Prinzipien mit Vorstehendem gebracht; es schienen uns manche sehr richtig, aber wir wagen es nicht zu sagen, daß alle Sozialisten heute oder morgen derselben Anschauung sein werden. Und würden oder müßten darum nicht bei einem vorzeitigen definitiven Lösungsversuche die Geister auseinander platzen! Nein, heute ist noch die Zeit der Vorstudien, die Zeit der Abhilfe in den brennendsten Fällen, wie es z. B. die österreichischen Gesetze und Gesetzesentwürfe wollen. Es wird eine Zeit kommen, da wird die Idee klar sein, da wird ein neues wirthschaftliches Prinzip an Stelle des dann sicher dem allgemeinen Fluche verfallenen alten treten, und hoffentlich ein besseres Loos bringen. Wir wenigstens hoffen darauf, wenn der Umschwung ein friedlicher durch den Föderalismus des sozialen Königthums und der Kirche bewerkstelligter sein wird.

Oder soll der Klerus etwa in Demagogenmanier gegen oben hetzen, die ohnedies genügend wachen Leidenschaften zur Glühhitze bringen? Sicher meint Schäffle das selbst nicht. Der Klerus hat einen sehr schwierigen Stand. Er kennt, zum größten Theil meinen wir, das Unrecht, das auf den Völkern lastet. Er muß jedoch in seinem Begehren maßvoll sein, die Volkskreise zuerst vorbereiten und den ungestümen Eifer zügeln, denn Reform nicht Revolution ist das Losungswort. Da stößt er an, oben und unten. Unten meint man oder sagt es, daß der Klerus mit den oberen Kreisen verbunden sei, oben bezüchtigt man ihn gern der Volksaufwieglung.

Auch wir glauben, was Schäffle im weiteren Verlaufe sagt: „... daß Theologen national-ökonomischer Kenntnisse entbehren können ... wird bevor dieses Jahrhundert zur Neige geht, den Moraltheologen selbst als eine vollkommene Lächerlichkeit erscheinen." Aber, fügen wir hinzu, es bedarf dazu nicht erst des Abwartens bis zum Schlusse des Jahrhunderts. Das Zucken der Blitze, oder das Wetterleuchten am fernen Horizonte ist von uns Moraltheologen durchaus nicht übersehen worden. Wir kennen unsere Pflicht.

Wir schließen mit den Worten Marlo's: Wer nicht anerkennt, daß die Religion die unerläßliche Grundlage aller übrigen Kulturzweige, der Kunst, der Moral und des Rechts, daß die Ausbreitung des Unglaubens das untrüglichste Symptom des Unterganges der betreffenden Völker ist: untergräbt alle Religionen und damit, fügen wir bei, auch die geordnete Gesellschaft.

Inhaltsangabe.

		Seite.
	Widmung	V
	Vorrede	VII
1.	Der Klerus und die soziale Frage	1
2.	Die soziale Lage	9
3.	Wirthschaftssysteme	34
	a. Die Liberalen und der Liberalismus	34
	b. Der Communismus	62
4.	Urtheil der Moral	75
5.	Socialistische Prinzipien	85
	a. Das Bevölkerungsgesetz und der Malthusianismus	85
	b. Sozietäres Erwerbssystem	95
	c. Der soziale Staat und seine Aufgabe	102
	d. Der Kapitalismus in seiner volksschädlichen Aufsaugung fremder Arbeit und Mittel zur Abhilfe: Normal-Arbeitstag und gerechter Lohn	112
6.	Palliativa	124
	a. Protektions- und Merkantilsystem	125
	b. Förderung des Unterrichtes	126
	c. Förderung der Sittlichkeit	128
	d. Erschöpfende Armenpflege	133
	e. Garantie und Pflicht der Arbeit	134
	f. Zünfte und Innungen	137
	g. Homesteads, Höferecht, Grundentlastung	138
7.	Föderalismus und Katholicismus	139

Namen- und Sachregister.

A.
Aequalismus und Communismus 67.
Albertus J. 106, 123.
Almosen 7, 11, 134.
Alphonsus H. Homo apost. 7.
Arbeit, Wert und Lohn der, 82.
„ Güterquelle 86.
„ Pflicht und Recht 134.
Arbeiter-Budget 47
„ -Reserve 87.
Arbeitszeit, übertriebene 23, 120.
Armenpflege 129.
Armuth und ihre Folgen 128.

B.
Babeuf Gracchus 69.
Bauern, Lage der 26, 41.
„ und M. Luther 39.
„ und Melanchthon 40.
Bazard 69.
Belcredi Graf 106.
Bevölkerungsfrage 54, 87.
Bismark 39, 119.
Blanc L. 96, 131.
Blätter christl. soz. 103, 106, 136.
„ hist. pol. 121.
Bongartz 94, 110.
Broix 95.

C.
Cabet 66, 69.
Campanella, Sonnenstadt 69.
Cathrein S. J., die Aufgaben 111.
Charitas 130.
China, Noth, Mord 88.
Christlich-Conserv. 18.
Colonisierung 87.
Communismus 62, 65.
Communisten und Sittlichkeit 84
Concurrenz 51.
Consumptivkapital 65.
Coronini Graf 18.

D.
Darwinismus 59

E.
Eigenthum 81.
„ Diebstahl 5.
„ individ. 11.
Einkommen der Arbeiter 19, 24.
Elternpflichten 89.
Enfantin 69.
England, Wohnungen in 30.
„ und seine Politik 125.

F.
Fleischkost der Arbeiter einst 44.
Föderalismus 113, 139.
Freihändler 125.
Freiheit, Arten derselben 49.
Fourier 69.

G.
Gangsystem 30.
Geistliche u. Arbeiter in England 116.
Geldadel 140.
Gesellschaftswissenschaft, Monatschrift für 18, 103, 136.

Gesetze, Zweck der 36.
Gewerbegesetz österr. 137.
Gewerbefreiheit 51, 137.
Großbetrieb 51.

H.

Haller L. v. 35.
Hammerstein, Kirche und Staat 111.
Hertling von 122, 135.
Hitze Franz 102, 122, 135.
Höferecht 128.
Hohoff, Protestantismus 111.
Homesteads 138.

J.

Jansen, Geschichte 41, 112.
J. Dr. in d. chr. soz. Bl. 108.
Ikarien 69.
Industrialisten 86.
Innungen neue 137.

K.

Kapitalismus 2, 112.
   „   absterbender 3.
   „   und Christenthum 123.
Kapital aufgehäufte Arbeit 86.
   „   rente 117.
   „   macht 119.
Kathedersozialisten 57.
Katholizismus 139.
Kattun 125.
Ketteler Bischof 37.
Kinder vertilgen 92.
Klerus und seine Aufgabe 4, 145.
Küchenzettel aus alter Zeit 41.
Künste und Wissenschaften 61.
Kuefstein, Graf v. 3, 58, 115, 136.

L.

Lassalle 54, 95, 79, 98.
Latifundien, Folgen der 26.
Lehmkuhl 121.
Leo XIII. Encycl. 122.

Liberale und Liberalismus 34, 48, 60, 78, 128.
Liberale Corruption 71, 130.
   „   Schattirungen 16, 58, 76.
Lichtenstein Prinz 126.
Lindau Paul N. und S. 3.
Linget, Theorie der Zivilg. 12.
Linsenmann 16, 134.
Löhne von einst 46.
   „   Hunger- 20, 53.
Lohnfrage 52, 82, 112, 119, 121.

M.

Maistre Graf 35.
Malthus 27, 85, 90.
Marlo, Untersuchungen 10, 35, 38, 51, 121, 137, 139.
Marlo und die Theologen 83.
Marx C. 31, 83, 112, 114.
Materialismus 59.
Mercantilisten 124.
Meyer R. 106.
Mone's Zeitschrift 41.
Monopolismus 39, 64.
Moral, nothw 37, 127.
   „   compendien 7.
   „   Urtheil der, 75, 84, 127.
Morus Thomas 68.
Müller Ernst, Theol. m 67.

N.

Napoleon, Codex 92.
Natur Güterquelle 86.
Normalarbeitstag 112, 117.

O.

Oesterreich, Lage in, 17.
Owen 66, 69.

P.

Palliativa 124.
Panpolismus 63.
Panker von Nitlaushausen 42.
Perin Ch. 14, 103, 108, 142.

Pflichten der Reichen 136.
Physiokraten 86.
Platz'le 107.
Plutokratie 140.
Princip grausames 2.
Produktiv-Assoc. 97.
„   -Kapit. 65.
Protektionisten 124.
Proudhon 5, 113.

Q.

Quartalschrift Linzer 3, 115.
Quesnay 86.

R.

Ratzinger Dr. 7, 91, 102, 104.
Rechtsstaat 59.
Regierungsform 34.
Reform, Nothwendigkeit der, 29, 143.
Religion und Liberalismus 93.
Reich und Arm, 13, 14.
Reiche und Stiftungen 29.
Revolution französ. 37.
Ricardo 27, 86.
Rodbertus-Jagetzow 79, 139.
Rolewink Werner 42.
Roscher 3, 55, 62, 106, 112, 126, 144.

S.

Savigny v. 80.
Schäffle 14, 30, 57, 63, 102, 112, 121, 137, 143.
Schäffle, über Communismus 70.
Scheicher, Broschüren 127, 129.
Schmoller 57.
Schule, Fabriks-, 126.
Schutzzöllner 125.
Segur Abbé v. 40.
Simon St. 69.
Sittlichkeit 128.
Smith A. 27, 86.
Sozialismus 62, 110.
„   Staats-, 104.

Soziale Lage ein Elend 9, 22, 27.
Sozial. Philosoph. 18.
Sozial. Prinzipien 85.
Societäres System 95.
Sozialdemokratie 61, 64.
Staatswissenschaft, Zeitschr. f., 28.
Stein, L. v. 106.
Simmen a. Maria Laach 121.
Strafhausarbeit 136.

T.

Theologen und Nationalökon. 146.
Thiers 73, 80.
Thünen v. 121.
Todt Rudolf 14, 123.
Turgot 86.

U.

Unrest, österr. Chronik 42.
Unsittlichkeit, Grund, Folge 6, 130.
Utopia 68.

V.

„Vaterland", Wiener 18, 19, 120.
Vogelsang, Freiherr v. 18, 87, 103, 106, 114, 138.
„Vorwärts" 112.

W.

Weiß A. M. 82, 106, 121.
Werner Carl 110, 142.
Werkhäuser 88.
Wimpheling 112.
Wirth Max 112.
Wirthschaftsprinzip, verfehltes 2.
Wirthschaftssysteme 34.
Wohnungsverhältnisse elende 21, 129.

Z.

Zallinger v. 106.
Zeitumstände der Gegenwart 1.
Zünfte wiedererwecken 38, 137.
Zweck des Menschen 84, 122. 142.

Im gleichen Verlage sind erschienen und können durch alle Buchhandlungen bezogen werden:

Albertus, J., Oesterreich, Deutschland und die orientalische Frage. Blicke in die Vergangenheit und Zukunft. gr. 8⁰. 184 S.

— — **Oesterreichs innere Politik.** Eine Studie über die social-politischen und wirthschaftlichen Fragen der Gesammt-Monarchie. gr. 8⁰. 192 S.

— — **Die Socialpolitik der Kirche.** Geschichte der socialen Entwicklung im Morgen- und Abendlande. gr. 8⁰. 714 S. fl. 3. 60 kr.

Die katholische Presse Deutschlands und Oesterreichs hat dieses Werk übereinstimmend als eine Arbeit von hervorragender Bedeutung bezeichnet. Die menschliche Gesellschaft ist nach Albertus als ein lebendiger Organismus aufzufassen. Ihre Krankheit kann daher nur richtig beurtheilt werden durch genaue Kenntniß der geschichtlichen Entstehung und naturgemäßen Entwicklung dieses Organismus. Auf dem Wege historischer Untersuchung will nun Albertus einen Beitrag zur Lösung der socialen Frage, „der Kernfrage der Gegenwart", liefern. Das erste Buch beschäftigt sich mit der Theorie und Praxis der Politik im antiken Heidenthum und beleuchtet namentlich das Ende des Heidenthums in Griechenland und Rom in Folge seines Abfalles von Gott. Das zweite Buch schildert den Geist des Christenthums und der Kirche, welcher die in Selbstsucht versunkene Menschheit wesentlich umgestaltete und regenerirte, ja sogar einen völligen Umbau der gesellschaftlichen Construktion bewirkte. Das dritte Buch zeigt die Einwirkung des christlichen Geistes auf die politischen und socialen Verhältnisse im Einzelnen vornehmlich durch das Papstthum. Dieser Abschnitt bildet den Glanzpunkt des Werkes, auch in praktischer Hinsicht ist er der wichtigste, weil er hochinteressante Exkurse über Toleranz, Inquisition, Hexenprozesse, Türkenkriege, Cäsarismus enthält. In der ständischen Verfassung — das ist die Quintessenz des herrlichen Werkes — ist die einzige der bürgerlichen Freiheit entsprechende Regierungsform gegeben, der moderne Constitutionalismus ist das Grab der wahren Freiheit, er würdigt den Staat zu einer Maschine herab. Die Sache aller echten Conservativen ist daher in Wahrheit an die Kirche geknüpft. Der Geist der Kirche ist nach ihm der rettende Anker für die aus den Fugen gehende Gesellschaft. Wahrhaft erbaulich ist der Abschnitt über die sociale Bedeutung des Gebetes, sowie der andere über das eucharistische Opfer als Mittelpunkt der Kirche; auch die eingestreuten Züge aus dem Leben der Heiligen sind recht lehrreich. Daß der Verfasser im Verlaufe der Darstellung zahlreiche Streiflichter auf unsere heutigen Zustände fallen läßt, ist selbstverständlich.

www.ingramcontent.com/pod-product-compliance
Lightning Source LLC
Chambersburg PA
CBHW030307170426
43202CB00009B/907